タクシードライバーの想い出

平田 信夫

東京図書出版

タクシードライバーの想い出◇目次

1 始めに

都内のタクシー運転手を平成八年（五十四歳）から二十年余り勤めて退職しました。タクシー運転手時代の思い出をあれこれ綴ってみます。

私は、元喫煙者です。

禁煙してから十年ほどしてタクシー運転手になりました。

入社当時、お客さんのタクシー車内での喫煙は自由で、断ってはいけないと言われていました。

初めは、車内喫煙されても平気でした。

「たばこいいですか？」と聞かれると「どうぞ、私も吸っていましたから大丈夫ですよ」と笑顔で答えていました。

ところが一年ぐらい経った頃から徐々に辛くなってきました。

そして、間もなく嫌煙者となり今日に至っています。

私は、他人のたばこ煙を吸う、所謂、受動喫煙を受けても不快には思いますが、幸い、体調を崩すようなことはありません。

自分もそうでしたが、喫煙者は、直接濃い煙を吸っているのに対して、周りの人は、喫煙者に比べたら、拡散された薄い煙を吸っているに過ぎないという想いから、周りへの配慮に欠けるところがあるようです。

「たばこを憎んで喫煙者を憎まず」を信条としていましたが、タクシー車内喫煙客には、徐々に憎しみがつのり最後は心底憎みました。

喫煙客からすれば、「車内喫煙も料金のうち」と思われるかもしれませんが、運転手の方からは、「タクシー料金に車内喫煙料は含まれていません」と言いたいです。

タクシー会社へ入社して早速、会社指定の学科教習所へ通いました。

運転実技試験と都内は地理試験もありました。

実技指導は会社指定の自動車教習所で受けました。

二種免の運転実技の難易度は、一種免と同じぐらいで特に難しかった記憶はありません。

とにかく二種免は九月十九日に取得と免許証にあります。

振り返れば、九月四日に初出社して二週間ほどで二種免が取れたことになります。私の会社では、教習中もある程度の手当が支給されました。

二種免を取得してから会社でお客さんを乗せる練習や無線の取り方の教習などが二週間ほどありました。

2 営業区域

東京の営業エリアは、当時、都内二十三区と三鷹市、武蔵野市という決まりでした。東京エリアから他府県へお客さんを乗せることはできます。

また、運が良ければ、他府県へ行った序でに、手を挙げたお客さんを東京エリアへ乗せることもできます。

他府県で乗せて、他府県で降ろすのは区域外営業で違反でした。

入社当時は、区域外営業しても、営業記録に区域内営業のように適当に書いておけば良かったのですが、最近は乗車位置と降車位置それぞれの時刻が自動的にＧＰＳで記録されごまかしが難しくなりました。

何かで監査などが入って運悪く見つかると、会社や乗務員は、咎められると思いますが、幸い、咎められたということを聞いたことはありませんでした。

でも、違反はしないように、最近は、他府県へお客さんを運んで降ろすと直ぐ、回送にして戻りました。

監査などで、運悪く違反が見つかって、車両止めなどされると、会社や同僚にも迷惑をかけますし、違反や不正をしてまで運行収入をあげたくもありませんでした。

3 遠距離客

私の一番遠距離のお客さんは、目黒区の某病院からひたちなか市（茨城県）の五万一千円超のお客さんで、超の部分はおまけしました。

午前三時ごろ病院のタクシープールで客待ちを兼ねて休んでいると、娘さんが乗ってきました。

「同棲中の彼と喧嘩してしまった。

私の部屋なのに……、今夜あんな処へ帰りたくないから、これからひたちなか市の実家へ帰りたいと思いますけど、幾らぐらい掛かりますか？」と聞かれましたが、ひたちなか市へ行ったこともありませんし、何処にあるかも分かりません。

今のようにカーナビがあれば距離が分かるのでおよその金額も分かりますが、事務所に問い合わせたところ、事務所の当直の方も分かりませんでした。しかし事務所にいた多分乗務員の誰かが「三万円以上は掛かるだろう……」と言ったのを当直を通して聞いたので、娘さんに伝えると、かなり迷った挙句に決心して行きました。

娘さんが道案内してくれたので助かりました。

金額は三万円を大分オーバーしてしまいましたが、トラブルにはなりませんでした。それにしても実家は、タクシーで行くには遠い距離なのに、よほど酷い喧嘩をしたのでしょうか、その後仲直りしたでしょうか、幸せになっていると良いのですが。

目的地に着いて料金精算が済んでお客さんが降りてから、少し先でUターンして戻ってくると家の前で手を振って見送ってくれました。

再会したいほど懐かしいお客さんです。

仲間からは、新潟県の燕三条とか、静岡県の藤枝往復や熱海往復、大阪や冬の青森県弘前などの遠距離も聞いたことがありました。

大阪のお客さんは、無線常連のお客さんで有名人の奥さんだったそうです。

大阪へお葬式で行きましたが大阪へ着いて一度は現金で払ってから、「やっぱり、これ払っちゃうと手持ちが少なくなって心配だから、後でお金取りに来てよ」と言われ、後日集金に行ったという話も聞きました。

冬の青森県の弘前行きは、無線室に電話が入ったそうです。

青森県出身の雪道に慣れたドライバーを選んで行かせたと親しい無線室オペレーターから後

日聞きました。

雪道は慣れているかいないかで随分違います。

雪の日、細い急な下り坂で、私のように雪道に不慣れな運転手が怖くて下りられなかった時、後ろに乗っていた雪国出身の方が運転を代わって、急な雪の坂道を難なく下ったという笑い話もありました。

仲間の運転手は、ある日、無線で馬込のお客さん宅へ行くとおばあさんが乗ってきて、後ろの席に座ってから「何処へ行こうかな〜」と呟いているので、不安だったそうです。『熱海』と言われ、さらに不安になりましたが、熱海へ向かい、熱海駅のロータリーに着くと「あっ、今日はお休みでダメだ、戻って」と言われ、戻ったらちゃんと往復料金を払ってくれたそうです。

このお客さんは、時々遠出をして食事などして帰る優雅な羨ましいお客さんと後で聞きました。

4
軽免許と普通免許

私の若いころには軽自動車の運転免許制度がありました。

当時は、車のセールスマンが軽自動車の購入契約をしたお客さんを練習場兼試験場に連れて行って、免許が取れるまで、何回でも運転指導をやってくれました。

教習場へ行くより安上がりというか、教習料はタダだったと思います。

私は、軽免許を取得した先代の社長さんに、購入した新車で何度か試験場へ連れて行ってもらい、社長さんがセールスマンに教わったばかりの運転を社長さんから教えてもらいました。

試験当日七十名ぐらいが学科試験に臨み、学科試験合格者は午後から運転の実技試験を受け、その日、私を含め十四人が合格しました。

合格者同士が、何回目で合格したかと話していましたが、皆さん五回目とか六回目が多い中で一回目の合格者は私だけのようでした。

後日、社長さんは、セールスマンに「自分が教えて一回で合格させた」と自慢していました。

「教え方が上手だったのですね」

「いやー若いからさ」などと二人が笑いながら話していました。

当時の軽自動車は、三六〇cc以下で馬力が弱く、一般道を青信号で走り出すと前の車と徐々に車間距離が開いてしまったことを覚えていますし、エアコンやラジオも付いていませんでした。

軽免には、路上練習がありませんでしたから、軽免取得後、初めて軽自動車で一般道を一人で運転した時は、自分の軽自動車が対向車線まではみだして、道路いっぱいに広がって走っているような錯覚をしてとても怖かった覚えがあります。

今の軽自動車は排気量も確か六〇〇cc以上になり性能も良くなって、車間距離が開くようなこともなくとても走りやすくなりました。

その後、しばらくしてから普通免許を自動車教習所で取得しましたが、軽自動車で一般道や高速道路を走っていましたから、普通免は短期間に難なく合格しました。

路上練習で教官が「皆がこのくらい上手に走ってくれると、楽だけどな~」と、いたく喜んで、途中、缶コーヒーなどをご馳走してくださいました。

そして、「もっとスピード上げて」と何度か言われ、一般道で時速八十㎞ぐらい出したでしょうか、他の車が驚いていないかと心配するほどでした。

それにしても、仮免の路上練習中にスピード違反で捕まったらどうなるのでしょうか?

次の日は別の教官で、昨日の記憶が残っていたので、少しスピードを上げたら「スピードの出しすぎだ!」と酷く怒られました。

「全く信じられない奴だ」と教官の顔に書いてあるようでした……。

教官によって随分違うようで、昨日のことは黙っていました。

なお、軽免は、十六歳から取得できました。

十六歳で軽免を取得した高校生が、母親のファミリアという八〇〇ccぐらいの小型の普通車を運転して「もし、捕まったら『軽自動車と思った』と言い訳する……」と言っていたところ、一方通行を逆走して本当に捕まり、お巡りさんに免許証を提示すると、「軽自動車と思ったと言うつもりだったのだろう？」と先に言われてしまったという笑い話もありました。

最近、アルバイト先で軽自動車を運転するようになって気が付いたのですが、いつの間にか軽自動車と普通車の制限速度が同じになっていましたから、軽免制度もなくなっているのでしょうか……。

また、今は、普通免を取得すると五〇ccバイクの免許が付いてくると思いますが、私の頃は、軽免に大型自動二輪が付いてきましたから、私は免許証的には、大型自動二輪も乗れるのですが、乗ったことはありません。今は、電動自転車でノロノロ、ママチャリにも抜かれています。

若いライダーに「俺も大型自動二輪の免許を持っている」と自慢したら、「そんな付録の免許と一緒にしないでよ、それは親父の世界だよ」と言われてしまいました。

確かにそのライダーの親父さんは私と同じぐらいの年でした。

5
初乗務

タクシー運転手は、初乗務で最初に乗せたお客さんのことは覚えています。

私の初乗務は、九月三十日でした。初乗務の朝、幹線道路で初老のご婦人に手を挙げられ、車を脇へ寄せてドアを開けた時、自分は、本当にタクシー運転手になったんだな〜と思ったことを覚えています。

目的地の○○は、道を教えてもらいながら行って、チップも頂きました。

前述もしましたが、私がタクシー運転手になったころ、お客さんの車内喫煙は自由でした。断ってはいけないと言われていました。

今思うと随分と酷い話ですが、当時は普通のことでした。

元喫煙者でしたから、初めは車内喫煙されても平気でした。聞かれると「どうぞ」と笑顔で答えていました。

それが、一年ぐらい経ったころから、だんだん辛くなりました。

タクシー車内は、電話ボックス二つ分ぐらいの広さしかありません。事務所や飲食店で吸われるのとは比較にならないほどきついです。

そこで後ろの窓を前もって五センチぐらい開けておくのですが、「寒い」と言って、閉めてから吸うお客さんもいました。

職場などのたばこ煙を測定している研究者が、タクシー車内のたばこ煙の濃度を測定して「最も酷い職場環境」と新聞にも報道されました。

タクシー運転手になるまでは、嫌煙者ではありませんでした。

それが証拠にある日、近所のスナックから夜遅く帰ったとき、家内が「臭い臭い」と大騒ぎ、衣服を全部脱いでベランダへ出してから嗅いでみたら、確かにたばこ臭かったです。

スナックでは大勢吸っていたのに全く気にならなかったです。

それにしても、家内は私が部屋で吸っていたころ、臭いと一度も言わなかったのに不思議です。

なお、車内で四人が一時間たばこを吸い続けると、四人とも死亡すると何かで聞きましたが、本当でしょうか。

会社の親睦会の新聞に、「嘘だと思ったら、責任は負いませんが実験して結果を報告してください」などと書いたこともありました。

6

私の喫煙と禁煙

私がたばこを吸いだしたのは、零細企業の工場の現場で働いていたころです。

作業工程にゴム手袋をして、水を流しながら小判型の金属ブラシで皿状の銅金属の表面をブラシで磨いて銀メッキをする作業がありました。

先輩が、咥えたばこでブラシ掛けをしていました。時々、先輩に火を付けたたばこを咥えさせてあげました。

火を付ける時はちょっと自分でも吸います。

そのうちに火を付けてから一服も二服もしているので、「早くしろよ」と催促されるようになり、徐々に喫煙者になってしまいました。

初めは面白半分で旨くはなかったです。

私が吸いだしたころから、たばこは徐々に軽くなってきたように思います。

最近のたばこは吸ったことがありませんが、とても軽くなっているのではないでしょうか。

ＪＴはたばこを軽くした方が初めての人も吸いやすいし、喫煙本数も増えると考えているのではないかと思います。

なお、軽いたばこの方が禁煙し難いと聞いたこともありますが……。

昔のたばこはフィルターも付いていない両切りで、強いので喫煙者になるにはちょっと努力が必要でした。

一般的に喫煙者の平均寿命は非喫煙者より短いそうですが、中にはたばこを吸っていても長生きの方もいます。

昔、外国の方で一二〇歳の当時世界一長寿の男性は、長生きの秘訣を「コーヒーとたばこと女」と言ったと何かで聞きましたから例外というのはどこの世界にもあるようです。

それにしても、コーヒーは良いとしても、たばこにも驚きますが、最後はたばこより驚きます……一二〇歳ですよ、尊敬します……。

前の東京オリンピックの記念たばこは、オリンピックに少しでも貢献しようと買いましたが、普段吸っていたたばこより美味しかったです。

それよりもっと美味しかったのは、知人から三本貰った天皇陛下の恩賜のたばこでした。たばこもこんなに美味しく作れるのかと思うほどに旨かったですから、これが世間に出回ったら、喫煙者が増えてしまうように思いました。

私が禁煙したのは、当時一月十五日の成人の日に、昼間のテレビでたばこの害をみた小学生二人の娘から、その夜、「たばこは早死にする、いろいろな病気になる、一本で二十分ぐらい寿命が短くなる」とたばこの害について沢山聞かされたのがきっかけでした。

「うん、そうなの」と言いながら一服しようとすると「こんなに教えてあげているのにどうして吸うの?」と怒られました。

「えっ、もう駄目なの?」「…………」「よし、お父さんを禁煙させるなら、お前たちは通知票でオール五をとってくると約束できるか?」とできない相談を持ち掛けました。

ところが意に反して「うん、いいよ」と言うではありませんか。子供達はお馬鹿さんです。

一日二十本弱吸うほどのヘビースモーカーでしたが、その夜、禁煙を約束してしまいました。

まさか二人が「うん」と言うとは思いませんでした。

一週間もすると長女が禁煙の苦しさなど知る由もなく、どうやらお父さんは禁煙したようだと思ったのでしょう、「禁煙なんて、たばこを吸わないだけで何の努力もいらないけど、通知票でオール五なんて取れるわけがない。そんな約束はずるい」と約束はあっさり反故にされてしまいました。

確かに小学生では禁煙の辛さなどわかりませんから、そう考えるのも無理のないことでしょう。

実は、それ以前にも禁煙したことがありました。

禁煙して三カ月ぐらい経った頃、一本の貰いたばこがとても旨かったです。

それから、毎日一本の貰いたばこが楽しみになり、気が付いたら自分で買っていました。

子供達と約束した二度目の禁煙でも、馬鹿ですね、あの時の旨さを求めて禁煙後しばらくして、また、一本貰いたばこをしました。

ところが、今度は以前ほど旨く感じません。

それから、しばらく毎日一本貰って吸っていましたが、あの時の旨さは戻らず禁煙できました。

もし、二度目の禁煙でも以前のような旨さを感じたら、喫煙者に戻っていたことでしょう。

禁煙すると、食道から胃にかけて何とも言えない、スッキリとした気持ちの良さが一年以上続いたのを覚えています。

その気持ち良さは、今も続いているのでしょうが、今は気持ち良さに慣れたというか、気持ちの良い状態が普通の状態になりました。

そういえば、次女が一歳前後の頃、私達がまだ寝ている早朝に灰皿に手を伸ばして吸い殻を口に入れたことがありました。

口の周りに黒い墨が付いていたので吸い殻を口に入れたのは分かりましたが、まさか、飲み込んだとは思いませんでした。

朝食の時、嘔吐したので慌てて病院へ連れて行き、胃の洗浄をしてもらい、苦しい思いをさせて可哀相でした。

家内は、看護師さんに「直ぐ病院へ連れてこないで食事などさせて、母親としてあり得ない非常識だ」と怒られたそうです。

そんな事件があったにもかかわらず、私も禁煙しようと思わなかったのですから父親としても失格です。

禁煙後、十年ぐらいしてタクシー運転手になりました。

初めはお客さんに車内で吸われても平気でしたが一年ぐらいすると徐々に辛くなってきました。

タクシー運転手にならなければ、今ほどの嫌煙者にはならなかったと思います。

タクシー運転手になって数年後の二〇〇三年頃から禁煙タクシー運動に首を突っ込むようになりました。

二〇〇八年に都内のタクシーが全面禁煙になり、二〇一一年には全国のタクシーもほぼ全面禁煙になりました。

いつ頃からか、レストランなどは禁煙店でなければ入らなくなりました。

歩きたばこには息を止めてすれ違っています。

今の喫煙者は、世の中が禁煙、禁煙と騒がれ肩身の狭い思いをされていることでしょう。

禁煙と騒がれるのは、他人の煙を吸わされる受動喫煙にも、喫煙者と同様の害があることが、明らかになったからだと思います。

7
臭わなかったたばこ

タクシー車内で吸われても臭わなかったことがありました。

成田空港行きの中年のご婦人でした。

禁煙車時代でしたが、そのご婦人に成田空港近くになってから「たばこだめよねえ〜」と言われました。

「はい、申し訳ありませんが……」しばらくして、何かとても可哀相になって、遠距離の女性客ということもあり、「窓を開けて吸っていただけますか？　運転席の方も開けさせていただきますから」と言いました。

お客さんは喜んで左後ろの窓を全開にしました。

私も運転席の窓をいつもより大きめに開けました。

お客さんがライターを何回擦っても火が付きません。

それもそのはず、時速一〇〇㎞を超えるスピードで高速道路走行中に、前と後ろの窓を大きく開けたのですから、火が付く筈もありません。

二人で笑いながら、「火を付けてから開けましょう」ということになりました。

火が付いてからお客さんは左後ろの窓を全開にして、私も右脇の窓をいつもより大きめに開けました。

前後二カ所の窓をこれほど大きく開けて時速一〇〇㎞で走行していると殆ど臭わないことを知りました。

8 嫌煙運転手もいろいろ

非禁煙車時代に非喫煙運転手なのに「お客さんに車内喫煙されると嬉しい」という、変わった運転手がいました。

その運転手さんは「お客さんが自分の運転するタクシーでリラックスして、たばこを吸ったと思うと嬉しくなる」ということでした。

反対に非禁煙車時代なのに「喧嘩になっても絶対吸わせない」という超嫌煙運転手もいました。

その運転手さんはしょっちゅうお客さんの車内喫煙でトラブルを起こし、また、お客に吸われてイライラしたのでしょうか、その時、事故も起こして、会社でも問題の運転手でしたが、私が勧めた、当時四台禁煙車のあった他の会社へ行きました。

非喫煙運転手なのに車内でお客さんに吸われても平気な運転手も沢山いました。

私のように煙が段々嫌いになる運転手もいれば、長年運転手をしていても全々平気な非喫煙運転手もいました。

タクシー運転手だけでなく世間の人たちも、非喫煙者なのに他人の煙を気にしない人も沢山いて不思議に思います。

他人の煙は嫌いという喫煙者は、さらに理解に苦しみます。

「自分は煙が嫌い」と公言する非喫煙者の嫌煙運転手が、会社の乗務員休憩室で喫煙している運転手と談笑し、その休憩室で食事などしているのをみると、同じ嫌煙者にもいろいろいるので不思議に思います。

9 K医師

生来の非喫煙者でタクシー運転手歴の超長い嫌煙運転手の方が、ある集会で、『タバコ病辞典』の著者で禁煙運動にも熱心なK医師に、「かつて運転中に、お客さんに吸って欲しいな〜と思うことがありましたけど、受動喫煙依存症ってありますか?」と尋ねた。

K医師は、「さぁ〜普通はありませんけど……タクシー運転手の受動喫煙は半端でないでしょうから、あるかもしれませんね〜」と苦笑いしていました。

K医師はかつて、横浜タバコ病訴訟において原告の証人にもなりました。

また、平成二十六年十月一日から三十一日まで三十回にわたり日刊スポーツに「禁煙成功のヒント」を連載されました。

会社の直属の管理職の方が禁煙したいと言っていたので、毎日、一四〇円の日刊スポーツ新聞を買い三十枚カラーコピーしてあげました。

ところが一週間後、メモ用紙として刻まれていたのにはガッカリしました。新聞代とカラーコピーだけでも随分散財したのに……。

もっとも毎日買わなくても先生のHPに全部載っていたのを後で知りました。

興味のある方は、新中川病院公式サイト「禁煙成功のヒント」で検索してください。

その「禁煙成功のヒント」で一番印象に残っているのは、禁煙は自転車の練習と同じ、自転車の練習では、転んでもまた練習すると、転ぶ前の練習は無駄になっていない、何度も転んで最後は皆乗れるようになる、禁煙も同じですと……。

もっとも、「禁煙が何だ、俺なんか百回ぐらいやったことがある」と言った外国の方もいたそうですが……。

運転手が沢山いる中で、はっきり「私のお陰で禁煙できた」と公言する乗務員がたった一人いました。

禁煙したいと言うので、たまたま手元にあった「リセット禁煙」というお勧めの冊子をあげました。

その冊子を私以上に深読みしていました。もともと禁煙願望の強かった方ですから、遅かれ早かれ禁煙したと思いますが……。

もう一人、朝、自転車で「禁煙したよ～」と大きな声ですれ違った乗務員がいました。

後で聞いてみると、以前、仕事の帰りに、私からたばこの話を聞いて、その日から禁煙したそうです。

私は、その乗務員とたばこの話をしたことも覚えていませんので、何を話したかも覚えていません。

それにしても、私もまんざら捨てたものでもないようです。

10 他の職場にない良い点

電話ボックス二つ分ぐらいの狭いタクシー車内で喫煙されるとかなりきついです。

たばこアレルギーとか化学物質過敏症の人でしたら、大袈裟でなく卒倒するかもしれません。

たばこアレルギーの人がまともに他人のたばこ煙を吸うと二〜三日寝込んでしまう人とか、路上などで歩きたばことすれ違っただけで、座り込んでしまった人、最近も、アイコス売り場の脇を通っただけで、倒れて救急車で搬送された方がいたという報道もありましたから、本当にお気の毒な方たちです。

以前、化学物質過敏症の方が、コンビニのお弁当を食べると嘔吐してしまうので自分は食べないが、普通の人も食べない方が良いのではないかと『週刊金曜日』に掲載されたレポートを読んだこともありました。

また、ある少年野球では、おにぎりは自家製でなく、コンビニのおにぎりを持って来るように監督が指導していたと聞いたこともありました。

コンビニのお弁当やおにぎりには、防腐剤のようなものが入っているからでしょうか。

タクシーの良いところは、車内喫煙客が降りた後、直ぐに窓を全開にして走ると瞬く間に煙を外へ追い出せることです。

当時、私が乗っていたタクシーは、運転席で窓の開閉ができるのは、運転席と左後ろの窓だけでしたが、それでも瞬く間に車内の空気を全部入れ換えることができました。

飲食店や事務所など他の職場にはない良い点だったと思います。

また、事務所など職場の煙害も辛いと思いますが、くつろいで、一番、長時間いる自宅で近隣から受ける煙害は一番厳しいと思います。

三十人ほど集まる禁煙団体の月一度の無煙定例会には、いつも三〜四名の初参加の方が訪れますが、皆さん近隣の煙害、或いは職場の煙害に悩んで相談に来ます。

体調を崩して、引っ越しを考えたり、実家へ避難したりする方もいるようです。

定例会では、たばこに詳しい医師や弁護士の他に、禁煙運動を職業にしているような方が無料で個別の相談にも応じてアドバイスしています。

月一度の定例会は、今までは神保町区民館で開かれていましたが、最近はコロナ騒動のためオンラインで行われています。

近隣や職場の煙害に悩んでいる方は、是非、下記「ＭＡＳＨ　タバコ問題首都圏協議会」のサイトをご覧になって、オンライン定例会か、コロナ騒動が収まってから神保町の集会かへご参加ください。

参加申し込み不要、遅刻、早退自由です。

神保町の集会は参加費一律三〇〇円でしたが、相談者に限らず、弁護士や医師も含め参加者全員から徴収して会場費や資料のプリント代に使われていたようですし、オンラインは無料です。

定例会での弁護士、医師への個別相談も無料です。

http://nosmoke-shutoken.org/meeting-tokyo/

また、公益社団法人「受動喫煙撲滅機構」では、いつでも個別の相談に電話で無料で応じて、適切なアドバイスをしてくれると思います。

https://www.tabaco-manner.jp/

11 車内喫煙は迷惑行為

二〇一八年十月ごろ、松井大阪府知事が議会の休憩時間に、公用車を出して、コーヒーを飲みながらたばこを吸っていたことを批判する報道がありました。

この報道で、私が考える一番の問題点は、車内喫煙を断ることのできない公用車の運転手への迷惑行為ですが、その点に触れた報道は全くありませんでした。

専ら、休憩時間に公用車を私用に使うことへの批判でした。

多くのタクシー車内喫煙客と同様に、府知事のような方でも、狭い車内でたばこを吸えば、運転手へ多大な迷惑になることに考えが及ばないのでしょうか。

マスコミも運転手の受動喫煙被害には全く言及しないのが残念に思いますが、世間一般はそんなものかもしれません。

彼も公用車の私用への批判に対しては、改めると言っていますが、禁煙はしないと断言していますから運転手への迷惑までには考えが及ばないようです。

私がその公用車の運転手でしたら、府知事の車内喫煙を断固断ります。

その結果、解雇されるかもしれませんが……。

とにかく、公用車をはじめ運転手付き自家用車、タクシー、ハイヤー等は全て禁煙と法規制すべきと思います。

現在の禁煙タクシーはタクシー事業者の自主規制で、法規制ではありませんから、強制力がありません。

禁煙タクシーの導入は、事業者の自由ですし、導入しないのも事業者の自由です。

ネットで検索してみると、喫煙を売りにしているタクシーやハイヤーも一部にあるようなので驚きます。

12 喫煙マナーの良い女性

禁煙タクシー時代のことです。途中のコンビニでタクシーを止めて、コンビニの外にある灰皿で喫煙して戻ってきた女性は、喫煙中もメーターが回っているのに降りて喫煙するマナーに好感の持てるお客さんでした。

タクシーに乗務して、僅か二例ぐらいしかありませんでした。その女性はご夫婦で喫煙者だったとのことです。

「夫は、『私より先に死なないでよ！』という私の一言で禁煙に成功した。だから私にも、俺より先に死ぬなよといくら頼んでも言ってくれないから、私は禁煙できない」と嘆いていました。

多分、ご主人は照れ臭いので言わないのでしょうけど、その奥さんに「『もしかして、あなた、私が先に死んで欲しいと思っているの？』と問い詰めたら如何ですか」なんて、アドバイスしてあげれば良かったと思いました。

この方が後日、いかなる方法でも禁煙されることを祈っています。

禁煙車に先行乗務していたころ、乗って来た男性のお客さんに、いつもの「このタクシーは禁煙車ですがよろしいですか」の禁煙車宣言をすると「どっか、止めやすいところで止めて」と、五十メートルぐらい走ったところで、千円置いてお釣りも取らずに降りて行った方がいました。

こういうお客さんは、最初で最後でした。

メーターは入れていましたが、私も料金を貰うべきでなかったと後で思いました。

13

運転手のための禁煙タクシー

間もなく都内のタクシーが全面禁煙化されると報道されていたころ、ある男性客が「なぜタクシーを全面禁煙にするのだろう、半々にするべきと思う」と言いました。

私は原則、お客さんと議論しません。白いものを黒いと言われても「黒いですね」と言います。

その時も同じノリで、「私もそう思います。私たち運転手も全面禁煙なんて迷惑ですよ。お客さんがおっしゃるように禁煙車と喫煙車に分けるべきと思います」と心にもないことを言ってしまいました。

とても穏やかな話し方が印象的なお客さんでした。

ところが、その直後の週刊誌（確か、『サンデー毎日』）に毎日新聞社論説委員の方による「近く都内のタクシーが全面禁煙になるというが、全面はおかしいと思う。先日乗ったタクシーの運転手も『全面は迷惑だ』と言っていたから、おかしいのは確かだろう」という趣旨のレポートが掲載されました。

先日のお客さんはその筋の方だったと確信しました。

その時、そういう立場の方と分かれば、

「禁煙タクシーの一義的目的は、乗務員への受動喫煙の防止です。お客さんの車内喫煙による運転手への受動喫煙被害は甚大です。もし、お客さんがおっしゃるように喫煙車と禁煙車に分けたら、喫煙車の方へ喫煙客が集中しますから、我慢していたお客さんまで安心して喫煙するでしょう。

その運転手は、今より受動喫煙被害が何倍にも増えてしまいます。タクシー車内は、運転手だけでなく、後から乗るお客さんのためにも全面禁煙にすべきです」

などと申し上げたら、この方なら理解して下さったかもしれませんが、とても残念でした。

このような立場の方でもタクシー車内での喫煙が運転手にいかに迷惑であることかに考えが及ばないのでしょうか、この方は多分喫煙者だったと思われますが車内喫煙はされませんでした。

14

禁煙タクシーの先駆者

都内のタクシーがまだ全面禁煙化されていない二〇〇四年七月一日にタクシーの全車禁煙化に踏み切った大田区の大森交通の社長さんは、全車禁煙にした理由を「乗務員の健康診断の結果がとても悪かったので、乗務員の健康を守るために全車禁煙に踏み切った」と某新聞紙上で語った全国で唯一のタクシー会社の社長さんでした。

この報道に感激しました。

この社長さんのご主人は医師と聞いています。

この社長さんはタクシー会社を三社お持ちでしたが、東京ハイタク協会へ加盟していない大田区の大森交通が一番禁煙にしやすかったので、先ず、このタクシー会社から全車禁煙に踏み切ったと、後で、直にお伺いしました。

当時は、協会へ加盟していると全面禁煙化が難しかったのでしょうか、当時の協会ヘッドは、大手タクシー会社社長のヘビースモーカーでしたから。

国を相手どった禁煙タクシー訴訟は、大田区の大森交通が全車禁煙化した、約二十日後の七月二十二日に東京地裁へ乗務員三名と一般のタクシー利用者二十三名の合計二十六名で国を被告に提訴しました。

禁煙タクシー関係で私が特に尊敬・感謝している方は、当時、大分市法人タクシー協会の会長さんだった漢二美さんです。

漢さんはタクシー会社の社長さんでしたから、大分市個人タクシー協会会長の佐藤博義さんに声を掛けて、二〇〇六年四月、大分市周辺の法人と個人タクシーの地域ぐるみ全面禁煙化を全国で最初に断行された方です。

同年九月には、大分県の個人タクシーが、そして、翌年六月には大分県の法人タクシーも全面禁煙化され、県単位の法人と個人タクシー全面禁煙化は、大分県が全国で最初になりました。

その後、地域ごとの都道府県単位の法人・個人タクシー全面禁煙化はさみだれ式に全国に波及し、二〇一一年一月、和歌山県を最後に四十七都道府県においてタクシーが全面禁煙化されました。

私は、漢さんと佐藤さんからタクシーを全面禁煙化に踏み切った経緯を電話でお聞きしましたが、漢さんはお留守でしたので、後日、書面で全面禁煙化を断行された経緯などを質問しました。

佐藤さんには、電話で個人タクシーになる前に漢さんのタクシー会社で運転手をしていた縁で漢さんから禁煙化への声を掛けられ、大分市の個人タクシーの全面禁煙化に喜んで同意されたとお聞きしました。

なお、個人タクシーになる資格は、法人タクシー会社の運転手歴十年が当時必要条件でした。その後、禁煙団体の全国禁煙キャラバン隊が全国の都道府県庁に受動喫煙対策を積極的に取り入れるようにお願いして回りました。

大分県では、県庁訪問の後、漢さんのタクシー会社で漢さんにお会いして、会員の減収不安から反対もあったなどという苦労話を、私が送った質問状に沿って説明されたとキャラバン隊を通して後日聞きました。

禁煙団体からお二人に感謝状も差し上げたそうです。

前述もしましたが、大分市周辺のタクシー全面禁煙化による減収もなく成功したお陰でタクシーの禁煙化はさみだれ式に四十七都道府県へ波及して今日に至っております。

大分市の当時法人タクシー協会会長の漢二美さん、同じく大分市個人タクシー協会会長の佐藤博義さん、そして、大田区のタクシー全面禁煙化を都内で最初に断行された大森交通の社長さんの先駆者の方々も初めは不安もあったでしょうが、全面禁煙化を断行された勇気にはいくら感謝してもしきれません。

15 呆れた客 1

手を挙げて、中年の男女が乗ってきました。男性とルートを細かく確認してから走り出しました。

すると女性が話しかけてきました。

「運転手さんはこの辺の運転手さん？」「はい」「それなら何故『この辺の地理は詳しいですから、お任せ下さい』と言わないの？」

「普通そういうことは、言いません」

タクシー運転手は原則お客さんの指示する道を走ることになっています。

お客さんの指示するルートが遠回りと思ったら、近い道を提案することはあっても、お客さんが納得されなかったら、お客さんの指示するルートを走行するように指導されていました。

そのような細かい説明はしませんでした。

男性が「道は分かっている。確認している」と言っても女性の追及は続きます。

「プロ根性がない」「プライドがない」と、何のかんのと絡んできます。

初めは、丁寧に答えていましたが、この女性は異常で切りがないと気が付いたので「安全運転に差し支えますから、一切の会話をお断りいたします」と、無言宣言をしました。

お客さんにこんな失礼なことを言ったのは、最初で最後ですが、それにもかかわらず、女性は休みなく小言を言い続けていました。

途中、「早く降りて欲しいと思っているのでしょう」と言うので、意地悪く「ここで降りますか？」とスピードを落として左に寄せ停車しようとしました。

本当に降りても良いと思っていました。

それでも「目的地まで行きます」とはっきり言うので、仕方なく運転を続けました。

しかし小言は続きます。

それから間もなく目的地に着いて、男性が料金を払って外へ出てからも、女性はますます小言が言い足りない様子でしゃべり続けていましたが、男性が女性の手を強く引いて降りてくれたので助かりました。

降りてからも車の外ですから何も聞こえませんが、車が走り出すまで私の方を見て盛んに口をパクパク喋り続けていました。

車中の小言の内容は殆ど覚えていません。

この女性、酔っている様子もないのに、男性もどうして女性にもっと強く注意しないのか、将来、何かと苦労するだろうに、早く別れた方が良いのにと余計なことを思いました。

16 呆れた客　2

夜、中年夫婦を乗せたとき、行く先は奥さんから指示されました。ルートが決まって某商店街を走行していました。

かなり前方の幹線道路の信号が赤から青になると、突然、ご主人が「もっとスピードを出せ～止まるな～」と大声で叫びました。

奥さんは、ご主人の奇行になれているのでしょうか、黙っています。

お客に急げと言われても原則スピードは上げません。

「はい」と言って、急ぐ振りをするだけです。

幸い青信号で通過できたのでホッとしました。

もし、信号が変わって通過できなかったら、このご主人はどうしたでしょうか。まもなく目的地に着きました。

奥さんが支払いをして、お二人とも全く無言で降りて行った不気味なご夫妻でした。

17　呆れた客　3

そんなことがあった数日後、一人で乗ってきた男性、目的地までのルートを確認し終わると、「運転手さん本気で急いでください」ときた。

「本気で急いで」と言われたのは、後にも先にもこの時だけです。

しばらくすると、突然、「遅い！」と大声で怒鳴りました。

一瞬、びっくりしました。

私の運転ではなく、電話に出るのが「遅い！」と部下に怒鳴ったようです。

部下は女性のようです。

「何故遅かった？　何故だ？」と追及が半端ではありません。

女性は「電話中だった」と答えたようです。

「誰と電話していた？」「何を話していた？」と話の内容まで細かく追及、途中何度か「そんなことは聞いていない、質問にだけ答えろ！」、さらに、「マキお前はいつも無駄が多い」そしてやっと「○○と○○を五時までに調べてレポートを用意しておけ、必ずだぞ！　良いか、時間がなかったからできなかったなどと言ったら許さないからな！」と二十分くらいで目的地に着くと、電話でまだ怒鳴りながら支払いをした後も「声が小さい！」などと、ますます怒鳴りながら降りて行きました。

世の中にこんな上司もいるのですね。マキちゃんが可哀相……。マキちゃんこんな会社辞めた方が良いよ。

マキちゃん電話を録音して、上司か社長に訴えても良いよ。

社長で埒があかないなら、労働監督署か警察へ訴えても良いと思うよ。

この上司の暴言は、もう犯罪のレベルだ！　こいつを辞めさせた方が会社の為にもなるよと思いました。

18　二度と乗せたくない客

タクシーには、いろいろなお客さんが乗ってきます。中には、二度と乗せたくないような客も、たまにですがいます。

降りたら轢いてやりたい、轢いたらどんなに胸のすく思いがするだろうという客もいないではありません。

ですから轢くという字は、車に楽しいと書くのでしょうか……？

無線客では、嫌な客の住所や名前をメモしておきます。

そして、その客を次に配車されると、「そのお客さんはお断りします」と言います。無線室は、忙しいのでしょうか、理由も聞かずに了承してくれるので助かります。私の手帳には、二～三名の無線客ブラックリストがありました。世間の会社では、嫌な上司もいるでしょうし、気の合わない同僚、生意気な部下などもいると思いますが、その点タクシーは、煩わしい人間関係の少ない職場です。

私は長年勤めた零細親族会社で、十歳上の実兄である社長と犬猿の仲で、結局最後は首になってタクシー運転手になったこともあることから、実兄の糞意地の悪い束縛から解放され、世の中こんなに気楽に過ごしていいものかと思うほど、タクシー運転手になってから、晴れ晴れした毎日、毎日が楽しくて、楽しくて、仕方ありませんでした。

タクシー運転手稼業の良い点は、前述したように嫌な無線客ならメモして、二度目からは乗車拒否できますし、手を挙げて乗って来た嫌な客は、その場だけ我慢して何とかやり過ごせば、その客と一〇〇％ではありませんが、殆ど会わないで済むことです。

19 チェーンスモーカー

一度だけチェーンスモーカーを途中で降ろしたことがありました。非禁煙車時代に手を挙げて乗ってきたお客さんでした。

行く先を告げて、少しすると「たばこ吸って良いですか？」と丁寧に聞かれ、いつものように「どうぞ」と笑顔？で答えました。

もっとも、非禁煙車時代は車内喫煙を断る選択肢はありませんでしたが。

やっと吸い終わって、やれやれと思ったら直ぐ二本目に火を付けました。

二本目も吸い終わるとまた三本目に火を付けたので、急停車して「降りてください」と料金も貰わずに降ろしました。

お客さんは「いつもタクシーに乗ると十本ぐらい吸うけど、分かった、もう吸わないから」と言いましたが、「それでは、お気の毒ですから」と言って降ろしました。

本当は窓を全開にして、たばこ煙を早く追い出したいこともあったし、一本でも腹が立つのに二本も吸われ三本目に火を付けられて、怒り心頭に発していたからです。

タクシーの途中下車強要は料金を貰わなくても重罪です。

当時は「三本吸われたから」は理由にならなかっただろうと思います。料金は二千円前後だったでしょうか、よく覚えていませんが自己負担しました。それにしてもタクシーに乗るたびに十本も吸うとは、強制的に降ろして正解でした。

お客の車内喫煙が自由なら、運転手もお客の乗車中に車内喫煙しても良いのではないでしょうか、当然ながら、お客のいる車内での運転手は禁煙ですし、禁煙タクシーでは、空車中でも運転手の車内喫煙は、通達でご法度です。

非禁煙タクシー時代でも、社内規則で多くのタクシー会社は、運転手の空車中の車内喫煙も規制していました。

本来、お客と運転手は対等の筈です。

世間では、飲食店でもお金を払うお客の方が上位の風潮がありますが、タクシーでも飲食店でもタダでお金を貰っているのではなく、タクシーは安全に目的地へお客さんを運ぶ労働の対価ですし、飲食店はお店を構えて、料理を提供する対価を受け取っているのですから、本来は対等な筈です。

たばこに関しては、当然ながらお客も運転手も受動喫煙の観点から、車内喫煙してはいけなかったのに、長い間、お客の車内喫煙だけが自由という理不尽な制度を行政が許し、タクシーセンターやタクシー会社の経営者もお客さんの車内喫煙を当然のサービスとしていました。

通報されたら、「チェーンスモーカーを途中下車させて何が悪い？」と争う覚悟でしたが、幸か不幸か通報されませんでした。

凶暴な客でなくて良かったですが……。

お客さんの方から、会社や陸運局、或いはタクシーセンターへ途中下車を強要されたと、苦情通報してくれても良かったとさえ思います。

20 禁煙車制度を死守しない

禁煙タクシーでは、運輸省の定めた「標準運送約款」によって、車内喫煙を断ったのに吸われたら、降ろしても良いことになっていますが、運悪く凶暴な客でしたら、禁煙車を死守しないで吸わせるつもりでした。

他の禁煙タクシーも禁煙を死守しないで欲しいと思いました。

死守してトラブルに発展して、タクシーの禁煙化を反対する側の口実になることを恐れました。健康のための禁煙車で怪我でもしたら本末転倒ですし……。

幸い、禁煙車に乗務してから退職するまで十年余り、加熱式も含め強引に吸われたことは一度もありませんでした。

都内のタクシーが二〇〇八年一月七日、全面禁煙になったその日から、それまでお客さんが乗るたびに実行していた「このタクシーは禁煙車ですが、よろしいですか？」の禁煙車宣言をやめましたが、吸うお客さんは私がＯＫして吸わせた成田空港行きのお客さん以外は一人もいませんでした。

この場合も運転手の私がお客さんの車内喫煙をＯＫしたのですから、運送約款上双方に問題ないことではありますが、決して良いことではありません。

禁煙車制度に感謝するとともに規則を遵守して下さるお客様にも感謝しました。

21 「禁煙にご協力ください」の表示

非禁煙車時代に「禁煙になるべくご協力ください」と友人がワープロで作ってくれたカードを車内に掲示して会社へ戻ると外していました。

後に英語・中国語・韓国語も加えました。Googleで翻訳しましたが、英語は娘婿が、中国語は知り合いが直してくれました。

外国人女性がこれを見て、私の気遣いを知る由もなく「こういう曖昧な表現はダメ、禁煙なら禁煙と書くべきよ」と言っていました。

確かにそうです、はっきり「禁煙」と書きたかったたですが、非禁煙車時代でしたので仕方ありません。

気が付かないで吸う人もいれば、「こんなこと書いてあるから協力しましょう」と呟くお客さんもいました。

二〇〇四年『毎日新聞』の投書「みんなの広場」に、掲載されました。

私は、タクシー乗務員です。私の乗務ごとの記録によると、タクシー車内での喫煙率は、11％です。また、ごく少額の料金なのに1万円札を出す方もいますが、この方々の喫煙率は28％です。私は、両者に共通するのは、おもいやりの欠如だと思うのですが偏見でしょうか。「携帯電話を使わせてください」と断ってから電話をする方がいらっしゃいますが、この中で喫煙された方は一人もいません。……乗務員は喫煙を断れません。世の中おもいやりのある人だけでしたら必要ないことですが、残念ながら、タクシー内禁煙の制度は必要だと思います。

その後「たばこ吸って良いですか？」と聞かれると「済みません煙に弱いので……」と段々こちらも図々しくなりました。

「たばこ良いですか」と聞いてくれるようなお客さんは、「煙に弱いのです」と言うと、皆さん我慢してくれました。

幸い「車内喫煙を断るなんて不当だ、こんな表示も不愉快だ、違反だ」などと言うお客さんはいませんでした。

会社やタクシーセンターに通報されたら、どういうことになったか分かりませんが、通報されたことは一度もありませんでした。

今になって思うのは、車内喫煙を断られたお客さんの方がどこかへ苦情通報してくれても良かったぐらいに思っています。

或いは、車内喫煙を断ったのに強引に吸われた運転手が裁判を起こしても良かったとさえ思いますが、私は強引に吸われたことはありませんでした。

22 他の営業所の所長さん

非禁煙車時代に駅で客待ちをしていると、我が社の他の営業所の所長さんが乗って来てヒヤッとしました。

「禁煙にご協力願います」の表示を見られてしまったかもしれませんが、咎められませんでした。その所長さんは、以前、私の営業所の管理職の方でもありましたから顔見知りというか、私はよく存じている方でした。

私のたばこ嫌いを知っていたのかもしれませんし、あるいは『禁煙にご協力願います』の表示を見てか分かりませんが、「えらい（とんでもない）車に乗っちゃったな、途中で一服するために停車してもらおうかな」などと呟いていました。

世間話をして、かなり長距離でしたが、結局、一服のための途中停車もしないでチップまで頂きました。

23
車内喫煙本数

あるときから、お客さんの非禁煙タクシー車内での喫煙本数を記録した結果、一日平均四本弱、最高十七本、ゼロの日は嬉しかったです。

古い乗務員さんが昔数えたら、日に六十本ぐらいのこともあったと聞きました。昔は喫煙率も高かったし電車やバス、飛行機でさえ吸えましたから。

兵隊さんにはたばこが支給されていたそうですから喫煙率も高くなって当然です。お客さんどころか、タクシー運転手が断りもなく、お客のいる車内で喫煙する時代もありました。

あるスチュワーデスさんは、当時、飛行機が離陸して水平飛行になると禁煙が解除され、乗客が一斉にたばこを吸いだすので機内が真っ白になったと言います。

飛行機では窓を開けることもできないので大変だったそうです。

こんな状況を、よく他のお客さんも我慢していたと不思議に思いますが……。

会社へ「苦しい」と訴えたら、「根性がない」と言われたそうです。

24

禁煙化による車内喫煙本数

禁煙タクシーは、当然、お客さんの車内喫煙はご法度です。

二〇一一年一月、四十七都道府県の法人と個人タクシーがほぼ全面禁煙化されました。私の非禁煙タクシー車内での喫煙本数は、前項で述べたように一日平均四本弱でした。

当時、全国法人タクシーの車両数約二十一万台、個人タクシー約四万台、合わせて約二十五万台が毎日全国を走行していました。

禁煙タクシーを五％としますと非禁煙タクシーは二十三万七五〇〇台になります。一日の乗客による車内喫煙本数四本として計算しますと、日本中でタクシー車内喫煙本数が一日に九十五万本、年間で約三億五千万本も車内喫煙されていたことになります。

25

お医者さんもいろいろ

「私は、循環器の医師だけど、たばこは皆さんが思っている以上に体に悪いものです。どうして、こんなものを売っているのか不思議に思います」というお医者さんのお客もいました。

「世の中、身体に悪いのはたばこだけではないよ」と言いながら車内喫煙するお医者さんもいました。

「安心して吸えるのは、タクシーだけになったよ」と言いながら吸う一見紳士風のお客さんもいました。

どの面下げて言っているのかと思いました……。

また、「禁煙運動なんてやるなよ、患者が減ったら困るじゃないか」と禁煙運動をしている若い医師に言う医者もいたそうです。

「インフルエンザでもはやらないかな〜」と呟く医者もいれば、「効いても、効かなくても良いから、もっと点数の高い薬を持って来い」と製薬会社のセールスマンに言う医者もいたそうです。

「たばこに本当に害があるなら、国で売るわけがないだろう」と禁煙運動している若い医師に言う年配の医師もいたそうです。

また、ＪＴ職員の喫煙率は一般より高いそうですし、今はどうか知りませんが、以前、ＪＴの社内会議なども禁煙になっていないと聞いたこともありましたが、その頃のＪＴ職員さんは、ご自分の息子さんが喫煙を始めたら、息子さんに激怒したという話も聞いたことがありました。たばこの害をＪＴ職員さんだからこそ承知しているのだと思います。

以前、新聞投書で、たばこの害が明らかになり、国内において、能動喫煙で年間十二万人、受動喫煙でも一万五千人も亡くなっていることを一番承知しているＪＴ職員の方々が、そのたばこを製造する会社ＪＴで働くことに罪悪感はありませんか、また、そのご家族達もご主人や息子さん、娘さんが、たばこを製造しているＪＴで働いていることに罪悪感はないのですか、私は、自分の子供や孫たちがＪＴに就職したとしたら、命懸けで辞めさせるでしょうと投稿したことがありましたが没になりました。

26

禁煙タクシーに乗務

都内のタクシーが全面禁煙化される前に、社長の気まぐれかと思われるように、我が社にたった一台の禁煙タクシーが導入され、都内のタクシーが全面禁煙化されるまでの十九カ月間、私が先行乗務しました。

禁煙タクシーの乗務は嬉しかったです。禁煙車に初乗務する朝、営業所長さんのところへお礼に行きました。

お礼の後で「無線を取っても良いですか?」と確認すると、「無線は、ダメ。どうしてそういう非常識な質問をするのか、無線のお客さんがたばこを吸う人だったらどうする? 自分の考えが正しいからと言って、他人に押し付けるのは良くない」と言われました。

運転手の受動喫煙被害など全く考えていない所長さんです。

でも、それが世間のタクシー会社の管理職では普通のことでした。

経営者も管理職も、たとえ、自分が嫌煙者であったとしても、自分が車内喫煙されるわけではないので平気でいられるのだと思います。

行政のお役人も同じことでしょう。

前述の所長さんが後日、自力で禁煙して「禁煙してみると他人のたばこの煙は臭いものだな〜」と構内で喫煙している運転手の耳元でわざと大きな声で言っていましたが、間もなく喫煙者に戻ってしまいました。

「一度止められたから、またいつでも止められると思って、ちょっと吸ってみたら、今度は中々止められない」と嘆く正直な方でした。

こういう方は周りに何人かいます。

折角、禁煙したのに運転中の眠気覚ましに、一本吸って喫煙者に戻ってしまった乗務員もいました。

眠気覚ましには飴玉が効果ありますが、私は、シュガーレスの飴玉を愛用していました。

私が退職し、その所長さんも退職してからの年賀状に「禁煙しました」と嬉しい添え書きがありました。

電話をすると禁煙は続いているようで、お元気な様子でした。

禁煙タクシーでは、無線に限らず、お客さんを乗せると先ず、「禁煙車」であることを告げるように国交省からの通達で指導されていますので、お客さんが乗る度に「このタクシーは禁煙車ですが、よろしいですか」と禁煙車宣言をしていました。

もっとも、この通達による禁煙車宣言義務は、多分、会社の管理職も知らなかったと思います。

ですから、禁煙車宣言をするようにと会社からの指導もありませんでした。他社でも多分やっていなかったと思います。

この禁煙車宣言をすると「ごめん」と降りる人もいました。

その乗車拒否する人の平均は、一日たったの一人で意外と少なかったです。

そのお客さんを乗せなくても他のお客さんを乗せるのですから、禁煙車による減収懸念は取り越し苦労に過ぎませんでした。

その乗車拒否されたお客さんたちは、車内喫煙をするつもりだったのでしょう、車内喫煙を合法的に避けられる禁煙車制度に感謝しました。

あるとき、駅待ちしているとお客さんが来たのでドアを開けましたが、後ろのタクシーの方へ行きました。おやっと思っていたら、わざわざ戻って来て「禁煙車なんか乗らない」と憎まれ口をきいて、後ろのタクシーへ乗って行きました。

ところが意外なことに、禁煙車を選んで乗って来たとか、禁煙車が来るのを待っていたと言うお客さんが沢山いるというか、引っ張りだこになると期待したのですが、甘かったですね、十九カ月間一人もいませんでした。

そして、タクシーを禁煙にしたらお客が減ることを理由にタクシー業界は禁煙化に反対する意見も沢山ありましたが、いざ全面禁煙化してみると、減収の話は全く聞きませんでした。

振り返ってみますと、タクシーは地域ごとの全面禁煙化が成功の鍵のようでした。

また、タクシーでも飲食店でも禁煙と喫煙が半々にあったら、どちらの売上が多くなるでしょうか？　分かりませんね、できるなら実験してみたいものです。

でも、実験結果がどうであれ、健康上の理由から全面禁煙化にすべきことに変わりありませんが……。

たとえ、禁煙車の方が減収になったとしても、タクシーは全面禁煙化すべきと思っていました。

飲食店も全面禁煙化すべきですし、路上喫煙やベランダ喫煙等も禁止にすべきと思います。

死者が出る火災の原因についても、寝たばこが一位と聞きますが特に報道されないようです。

マスコミは故意に寝たばこが原因で火災になって死者が出たことを隠していると、一部の禁煙団体の人は言っており、議論になったことがありますが、相手は頑として譲りませんでした。

私は信じませんというか、信じたくありません。

もし、マスコミが故意に隠しているとすれば犯罪ですよ、報道関係の方々の良心を信じています。

また、喫煙者がコロナに感染すると重症化の割合が高いそうです。

禁煙団体では常識ですが、一般の報道ではあまり聞きません。

あまり報道されない原因は、国でたばこを製造し販売しているからでしょうか、信じたくないですが……。

イギリスでは、コロナの時期に一〇〇万人が禁煙したと大分前に報道されていますが、日本の一般報道では、喫煙者がコロナに罹患すると、重症化リスクが高くなるという報道は特に聞きません。

現在でもＪＴの筆頭株主は国ですし、ＪＴはマスコミにいろいろと広告も含めて寄付をしているそうですから、マスコミはＪＴの悪口を書けないのでしょうか……。

悪口を言わせないために寄付をマスコミにしているという噂もあります。

しかし、イギリスの一〇〇万人の禁煙者数は、思ったより少ないような気もします。

喫煙者がコロナに感染すると重症化率が高くなることが正しく報道されたら、日本でも禁煙者が激増するように思いますが、残念です。

禁煙して一番幸せになるのは、たばこに束縛されていた喫煙者です。

たばこ税収は二兆円余りだそうです。

喫煙者がゼロになって、たばこ税収がゼロになっても、たばこ税収の何倍もの国民的利益があると聞いています。

医療費が約一兆八千億円減少し、たばこ火の不始末による火災損失がゼロになり、喫煙所設置費用がゼロになるなどの試算や仮説を信じています。

27
喫煙者は馬鹿？

禁煙タクシーに先行乗務していたところ、中年の女性客を乗せたので、いつものように「禁煙車ですがよろしいですか？」と禁煙車宣言すると、「分かっています！」「見れば分かります！」確かに、屋根上の行燈やドアに「禁煙車」の表示がありますから。「私がたばこを吸うほど馬鹿にみえますか？」ときた。

「規則ですから皆さんに言っています」

「そんなこと言われたのは初めてで不愉快です」

これも確かでしょう。「禁煙車宣言」を会社から指導されていませんし、私がたまたま通達を知っていたので実行していたのですから……。

私の会社に限らず他のタクシー会社でも「禁煙車宣言」はやっていなかったと思います。

短い距離でしたが降りるまで小言を言われました。

それにしても「私がたばこを吸うほど馬鹿にみえますか？」は、気に入りました、覚えておきます。

喫煙者の耳に入ったら怒られる台詞です……。

28

「禁煙タクシーの導入に伴う留意事項について」

http://www.kojintaxi-tokyo.or.jp/data/tutatu/hh120095.pdf

一、二、省略、四の一部、五、六、七省略

三、禁煙車両については、車内でたばこ臭を感じることのないよう適切な車両管理を行うとともに、その運転者は旅客の有無にかかわらず車内で喫煙しないこと。

四、流し営業（いわゆる駅待ち及び辻待ち等営業所以外の場所において運送の引受を行う営業を含む。）において、禁煙タクシーに対して旅客から運送の申し込みがあった際には、当該禁煙タクシーの運転者は旅客に対して、乗車しようとする車両が禁煙車両であって車内で喫煙することができないことをあらかじめ告知することとする……。

私が行っていた「禁煙車宣言」は、この通達が根拠でした。

最近のことですが、禁煙運動を熱心にやっている方がタクシーに乗ったら、たばこ臭かったので途中で降りたという方がいました。

そして、当然のごとく「料金を払わなかった」と言っていました。

28 「禁煙タクシーの導入に伴う留意事項について」

たばこ臭くても料金を払わないで降りたら犯罪だと思いますし、タクシーで、たばこ臭がしたら、不払いで降りて良いという法律はありません。

そのような場合、運転手が警察へ通報したら、無賃乗車で処罰されるかもしれません。

禁煙運動の団体でもたばこ臭いタクシーには、料金の不払いを奨励するような話は聞いたことがありません。

お客さんの中には、たばこに限らず難癖を付けて料金を払わないとか、まけさせようとするとか、乗り逃げしようとする輩もたまにはいますので、禁煙運動の方が「車内が臭い」といって料金を払わないで降りたら、誤解されますから止めて欲しいです。

禁煙タクシーなのに車内がたばこ臭いのは、運転手が空車中に車内で違反喫煙をしたか、お客に吸わせた（運転手が承知なら合法）とか、或いは、一番の原因と思われるのは、喫煙運転手の呼気や衣服、髪からのたばこ臭、所謂、サードハンドスモーク（三次喫煙）によるのかもしれません。

たばこ臭が許せない（絶対嫌だ）という方は、乗ってから目的地を告げる前に、クンクンしてたばこ臭いか否か、素早く確認すると良いと思います。

もし臭かったら「たばこ臭いから降ります」と言って降りるのが良いと思います。

私は、先日乗ったタクシーで、目的地に着いて、僅かなお釣りでしたが、「お釣り結構です。でも、車内が少したばこ臭かったですよ」と言うと、運転手さんは、思い当たることがあるのでしょう、「済みません」と素直に言ってくださいました。
不払いで降りるより効果があるかもしれません……。

29 究極の禁煙タクシー

二〇〇七年、ＷＨＯ世界保健機関が、受動喫煙に安全レベルはないと宣言していることから、私は、非喫煙運転手の運転による、お客さんが車内でたばこを吸わないだけでなく、たばこを吸う習慣のない非喫煙者のお客さんしか乗せない、究極の禁煙タクシーの出現を待っています。

運転手の立場からそう考える理由ですが、喫煙者のお客さんは、車内喫煙をしなくても、失礼ながらたばこ臭いことがあります。

また、お客さんの方も、たとえ禁煙タクシーでも、喫煙運転手からは、呼気や衣服からたばこ臭がすることもあるでしょうし、運転手が車を停めて、車外で喫煙しても直ぐに車に戻って運転をしてお客さんを乗せたら、運転手の呼気や髪、衣服から臭うと思います。

私は、所謂、サードハンドスモークなら不快ではありますが、笑顔で？我慢しますが……。

外からでも見えるように、「非喫煙運転者表示」を望む新聞投書も二度ほど見たことがありますから……。

奈良県の生駒市は、喫煙後四十五分は市庁舎のエレベーター使用を禁止にしていると聞きます。

以前、上野の方に非喫煙者専用のホテルが出来たと聞きました。

チェックインで非喫煙者のサインをするそうです。

宿泊中に喫煙したとかでなく、喫煙者と分かっただけで違約金五万円を払って、ホテルを退出しなければならないと聞きました。

その後、そのホテルは廃業したと聞きましたが残念です。

最近は、禁煙アパートも結構、出現しているようです。

近隣の煙害に悩んでいる方にはお勧めです。

禁煙分譲マンションはあるのでしょうか、あると良いですが。ベランダ喫煙を禁止しているマンションはあるようですが……。

非喫煙者限定の分譲マンションや賃貸アパートもあると良いと思います。

果たして、希望者がいるでしょうか、希望者が殺到して欲しいですね。

30 頑固おやじが禁煙

乗務員仲間に、お医者さんから「たばこは止めた方が良いですよ」と言われたので「たばこ止めるくらいなら死んだ方がましだ！」と言ってやった、という頑固おやじが間もなく禁煙しました。

「夜、二本しかなかったけど、買いに行くのが面倒だったから、この二本で止めてみようと思って止めた」と言っていました。

喫煙者の七〜八割の方は禁煙願望があると聞きます。

残りの人達も禁煙したいけどできずに、禁煙を諦めている人が多いようです。

「好きなものを止めてまで長生きしたくね〜」と言った喫煙者もいましたが……。

本音は禁煙したいけどできないで禁煙を諦めて居直っているのかもしれません。

何かの手術をする前の検査の一週間だけでも禁煙すると術後の回復に効果があると聞いたこともあります。

禁煙車時代に深夜乗せた四十歳ぐらいの長距離の男性客でした。たばこの話をいろいろしました。

「禁煙したいと思っているけど、運転手さんの話は、説得力があるな〜。でも俺は意志が弱いから、降りたら直ぐ吸ってしまうと思うな〜」などと正直な方でした。

長い乗車中、禁煙をずっと勧めました。

「禁煙に関して何かあったらお電話ください」と電話番号まで教えましたが、電話はありませんでした。昔、プロレスラーにいた、字は違うかもしれませんが、谷津というお名前のお客さんでしたので憶えています。

谷津さん、その後禁煙されたでしょうか、禁煙していると嬉しいですが……。私は、誰かが禁煙したと聞くと嬉しいです。

乗務員仲間が「〇〇さんが禁煙したよ」と教えてくれました。本人に直接聞きました。

「本屋で『読むだけで止められる』と書いてあったので、半信半疑で買って、家でたばこ吸いながら読んでいたら、『あなた今、たばこ吸っているでしょうけど、まだ、いいですよ』と書いてあり、読み終わると『一服してください』とあったので一服したら、それっきり止められた。禁断症状は全くない。自分は以前から吸わない人のような感じだ」と言っていました。

禁煙セラピーが最後に一本吸わせる話は聞いていましたが。これほどマインドコントロールされるものでしょうか。

世界の禁煙ベストセラー『禁煙セラピー』の力は凄いですね。

著者で元喫煙者のアレン・カーさんは、禁煙講習会も沢山開いていたそうです。

講演中「吸いながら聞いてください」と煙もうもうのなかで講演していたそうです。

そして、二〇〇六年肺がんになり七十二歳で亡くなりました。

身を犠牲にして禁煙運動をされた尊敬する方でした。

乗務員仲間が「禁煙したよ～」と言うので、「えっ、いつから?」、「え～と、五分くらい前かな?」と、人をからかう悪もいました。

31 たばこの話題が減った

禁煙タクシーに先行乗務していた頃、お客さんが乗る度に「このタクシーは禁煙車ですがよろしいですか」と禁煙車宣言をすると、数えたことはないですが、三割ぐらいのお客さんが「タクシーは禁煙の方が良いよ」と言って下さいました。

男性より女性の方が多かったです。

禁煙車宣言をきっかけに、お客さんとたばこに関する話題が増えて楽しかったです。

都内が全面禁煙になってから、禁煙車宣言を止めました。マスコミなどの報道が行き渡って、宣言しなくても吸うお客さんがいなくなったのは良かったですが、たばこの話題が減って、寂しくなったというかタクシー運転手稼業までが何か詰まらなくなってしまったことを覚えています。

都内のタクシーが全面禁煙化されてから、間もなく仲間から聞いた話ですが、お客さんが吸いながら乗車して、たばこを消さないので「禁煙車ですから、たばこダメです」と言ったら、窓を開けてポイと捨てて、「東京はダメか、大阪では禁煙車でも普通に吸えるぞ」と言っていたそうです。

大阪とはそういうところらしいです。

32 「標準運送約款」

禁煙タクシーでは、国土交通省の定めた「標準運送約款」に基づいて、お客さんの車内喫煙を断れます。

そして、お客さんが、強引に吸ったら降ろすこともできます。

左記が標準運送約款です。

（一般乗用旅客自動車運送事業標準運送約款）

https://www.mlit.go.jp/common/001029239.pdf

第４条の２　当社の禁煙車両（禁煙車である旨を表示した車両をいう。次項において同じ。）内では、旅客は喫煙を差し控えていただきます。

２　旅客が当社の禁煙車両内で喫煙し、又は喫煙しようとしている場合、運転者は喫煙を中止するように求めることができ、旅客がこの求めに応じない場合には、運送の引受け又は継続を拒絶することがあります。

この条文を根拠に車内喫煙を合法的に断れます。

しかし「旅客は喫煙を差し控えていただきます」の文言は、禁煙をお客さんの意志に委ねているような文言です。

最後、「運送の引受け又は継続を拒絶することがあります」とあることから、拒絶しないこともあるとの解釈も可能な条文です。

すなわち運転手がダメと言わなければ吸ってもいいと解釈できます。

運転手がＯＫしたら車内喫煙が合法になります。

吸ってても吸わせてても違反にならない文言に欠点があると思います。

大体、こんな曖昧な条文は、国土交通省が財務省に忖度してのことか、本気で禁煙タクシー制度の必要性や導入を考えていない証拠です。

最近タクシーには殆ど乗りませんが、乗った時には運転手さんに聞いています。

「私はたばこ吸わないですが、お客さんでたばこを吸いたいという方はいますか？」

皆さん、「いません」と答えますが、一度だけ、年配の運転手さんでしたが「いるよ。夜、盛り場から乗ってくると大抵吸いたいって言うよ」。

これはもしかすると、この運転手さんがサービスのつもりで、或いは、チップを期待して、お客さんに「たばこ良いですよ」と積極的に言っているのかもしれません。こういう運転手さんがいるということをお客さんから聞いたことがあります。

「どうします？」「ああ、吸わせるよ」「運転手さんはたばこ吸う人？」「おお！　酒もたばこも二十歳前からやっていたよ」

二人で大笑いしましたが、本当は笑って済ませてはいけないことですが……。

33

都内のタクシー禁煙化

都内のタクシーは、二〇〇八（平成二十）年一月八日、ついに念願の法人と個人タクシーがこの日、全面禁煙化されました。

県単位では四十七都道府県中十三番目で夢のようでした。

当日の朝、新橋駅に日本禁煙学会の作田理事長さんや禁煙タクシー訴訟の原告の方々の他、禁煙団体の方々をはじめ、全国ハイヤー・タクシー協会の富田会長さんも来られて「タクシー全面禁煙化ありがとう」の横断幕を広げてお祝いをしました。

報道関係者も集まって、一般紙や業界誌などにも報道されました。

あれから十五年が過ぎ、禁煙タクシーが当たり前の時代になりました。

34

度々喫煙された乗務員

都内のタクシーが全面禁煙化されてから暫くして、お客さんから度々、加熱式たばこを車内喫煙されて化学物質過敏症になったというタクシー運転手さんが、禁煙団体へ相談に来たと聞きました。

この運転手さん、お客さんの加熱式たばこによる度々の車内喫煙で、化学物質過敏症にり患したことを理由に一年以上会社を休んだ後タクシー乗務員を辞めたそうです。

横顔を一度見ただけで直接話したことはないですが、私には信じられません。

少しの煙でも体調を崩すような方もいるそうですから、本当に度々吸われたら過敏症になる方もいると思います。

『ＳＴＯＰ受動喫煙新聞』を発行している「受動喫煙撲滅機構」へは、乗務員ではなく、一般の方で職場や近隣の煙害に悩む方からの相談が絶えないそうです。

その乗務員さんは、禁煙団体の方と国交省まで窮状を訴えに行ったと業界誌にも載っていました。

この運転手さんのタクシーでは、本当に度々加熱式たばこを喫煙されることがあるのでしょうか。

一度か二度ならあるかもしれませんが、度々は信じられません。

このタクシーにあるのなら他のタクシーでもあると思われますが、他のタクシーでは聞きませんし、このタクシー会社でもこれ以外に聞いたことがありません。

私は、都内タクシーが全面禁煙化されてから、約十年間、加熱式も普通の紙巻たばこも一度も吸われたことがありませんと言いたいのですが、「7 臭わなかったたばこ」で白状しましたが、一度だけ私がOKして吸われたことがありましたが……。

聞かれたら断ることもできるし、断ったのに吸ったら降ろすことも認められているのですから……。

この会社のタクシーに客として乗車して、他の運転手さんにも直接聞いてみたいのですが、都内でこの会社のタクシーに乗る機会が殆どないのでできません。

この乗務員さんは、間違いなく、労災保険とか傷病手当狙いだったと私は疑っています。

35 運転手は疎《うと》まれる

タクシー運転手は世間から疎まれる職業です。

「昨日、娘の結婚式だったけど雲助の親で娘には肩身の狭い思いをさせて申し訳なかった」と同僚に話している乗務員さんがいました。

また、ＫＭ（国際自動車㈱）タクシーに独自の「運送約款」が、確か二〇一六年頃認可されたと聞きました。

内容は、運転手に対するパワハラ、セクハラ、車内喫煙に対しては警察へ通報して、場合によっては、慰謝料、損害賠償を請求する内容と聞きました。

そこで、桜新町付近のＫＭタクシー会社の営業所へ寄って約款の写しがあったら頂きたいと尋ねたところ、応対の男性が奥の営業所長さんらしき人に話してくれましたが、その所長さんらしき方は、応対された男性を通して「タクシー会社からの問い合わせならともかく、いちタクシー乗務員の要望などには対応できない」と断られました。

後で、ＫＭ自動車のＨＰから新約款は入手できました。

その約款こそ某個人タクシー運転手さんの認可申請に際して、私や禁煙団体の方々と努力して長い時間をかけて、やっと認可された運送約款を参考にしたと思われるものでした。

個人タクシーは一人でも申請できますが、私は法人タクシー会社勤務の運転手でしたから一人での申請はできません。

それだけに、「いち乗務員の要望などには応じられない」と断られて、大変惨めな思いをしました。

多分、この営業所の所長さんは、ご自分の会社の新運送約款の素晴らしさを理解していない管理職の方で、ご自分の会社のＨＰに掲載されていることもご存じでなかったかもしれません。

その約款は「標準運送約款」における、吸っても吸わせても違法にならない曖昧さの欠点について「……運送の引受け又は継続を拒絶することがあります」を、「拒絶いたします」。さらに、「車内喫煙を継続した場合、そこまでの料金の支払いを求め、営業を中止して車両の清掃を行い、その損害賠償も請求する」という趣旨に改正しており、私でも少しやり過ぎと思われるほどの約款でした。

36 アンケート調査

二〇一六年頃、我が社の乗務員にたばこに関するアンケート調査を私個人で行いました。

(1)　禁煙車で「たばこ（紙巻）を吸って良いか？」と聞かれたことは、

①よくある　0％

②たまにある　57％

③全くない　43％

(2)　加熱式や電子たばこを吸って良いか聞かれたことは？

①よくある　0％

②たまにある　37％

③全くない　63％

(3)　たばこを吸って良いか？　と聞かれた場合

①電子たばこなら吸わせる　12％

②どちらも吸わせる　0％

③長距離なら吸わせる　2％
④どちらも吸わせない　86％

(4)車内喫煙を断った場合
①断ったが吸ったので降ろした　3％↓合法
②吸われても我慢した　6％
③嫌がらせをされた　6％
④外で吸ってもらった　15％↓適切
⑤禁煙に協力してくれた　63％
⑥お客に乗車拒否された　7％

(5)乗務員さんは空車中に車内喫煙したことがありますか？
①しばしば吸う　0％
②たまに　4％
③滅多にない　7％
④全くない　56％
⑤非喫煙者　33％

(6)乗務員さんの喫煙歴について
①現在吸っている　54％（一般の男性喫煙率30％未満）

②やめた　26％
③殆ど吸ったことがない　20％

(7)
ご意見がありましたらどうぞ
①他人の嫌がることはしません。→空車中に車内喫煙をしないことのようです。
②電子たばこはＮＧでないと聞くがＮＧにすべき→ＮＧでない？
③やめたいと思っている。
④臭いは害でない→臭いは害の証拠です。
⑤紙巻とは違う臭いがしてきたことがある。→加熱式だったかも、加熱式はおならの臭いがすると聞いたことがあります。

〈二〇本入り一箱の値段・ネット情報（２０２１年９月28日）〉
https://kazsblog.com/travel/cigarette-price-1222/
一位　オーストラリア　２９６２円
二位　ニュージーランド　２５４９円
三位　アイルランド　１７７６円
三十九位　日本　５７０円

それにしても、外国のたばこは高いですね。日本の三～五倍以上です。日本の五七〇円も高いと思うのに……。日本では、一本二十八・五円ですが、オーストラリアでは一四八円、日本の五倍以上です。

富裕層しか吸えない値段かも。

日本では生活保護受給者の喫煙率が高いと聞いたこともあります……。

民主党政権時代の小宮山洋子厚生労働大臣が「たばこは七〇〇円ぐらいが適当と思う」と発言されたこともありました。

私は、たばこの値上げで喫煙率を下げるのは積極的に賛成できません。

たばこの害を知って健康のために禁煙するのが良いと思っています。

言うは易しですが。

37 節水と吸い殻のポイ捨て

タクシー会社に入社して研修中に、広い構内の清掃をさせられました。

そこで、驚いたことが二つ。

一つは、水の無駄遣いでした。

それまでいた会社は、メッキ部門があり廃水処理のために水を徹底的に節約していました。

それこそ限界まで節水しました。

タクシー会社では、洗車作業に水は欠かせませんが節水する意識はゼロのようです。

前の職場と比べると、気が遠くなるほど幾つもの水道水の蛇口を太く無駄に出しっ放しで洗車作業をしています。

タクシー会社では、廃水処理作業をしないで、そのまま下水に流せるので節水する気持ちがないようです。

新人が水の節約など言い難いですが、組合の新聞などで節約を訴えて、水道料金を六分の一ぐらいまでに下げました。

前の職場の感覚では十分の一以下にできると思いましたが、なかなかそこまではいきませんでした。

水道料金も月一五〇万円くらいの節約になったと思います。

一営業所で毎月一五〇万円の節約って凄いですよね、報奨金を毎月貰いたいぐらいです。

乗務員一人当たり、毎月約五千円の報奨金になります。

二つ目の驚きは、構内に吸い殻のポイ捨てが多かったことでした。

これも時代の趨勢で、構内のたばこ自販機が撤去され、マナーを守り、皆、灰皿へ捨てるようになってポイ捨ても少なくなりました。

水道水の節約やポイ捨てをしないことは、当たり前のことなのですが……。

38 街の清掃活動

かなり以前に、禁煙運動に関係ない友人から駅や街のゴミ拾いを誘われたことがありました。感心したのは、通り掛かりの人に「ご苦労様」や「ありがとう」の労いの言葉をなるべくかけられないように、早朝、目立たない時間に清掃するのだそうです。

友人の清掃奉仕活動は、今も続いているようです。

その頃、私の仕事は、朝早かったので協力できませんでしたが……。

サイエンスライターの方のレポートによりますと、日本でのポイ捨て吸い殻は、年間一〇九一億本と推定され、世界では四兆五千億本、三センチとして繋げると、木星を通り越して土星に達する。

吸い殻からは、有害物質が雨に溶けて流れ、側溝から河川へ、河川から海へ流れて地球環境を汚染する。

たばこの葉部分から、ニコチンを始め、猛毒のヒ素、鉛、銅、クロム、カドミウムなど考えられないような有害物質が検出されるそうです。

道路を歩きながら気を付けて見ると、道路の側溝のマンホールへのポイ捨て吸い殻は多く、中には口紅の付いた吸い殻もありまして世も末かと思いました。

知人は、ポイ捨てを見ると「落とし物ですよ」と言って拾わせるそうです。

仙台では、ポイ捨てを見ると、「あれまあ〜」と言い、これを「あれまあ〜キャンペーン」とかいうそうです。

39 困ったお客さん

道案内で「右へ真っ直ぐ」というお客さんが時々います。

「はい、右ですね」と念を押すと、今度は右を省略して、「うん、真っ直ぐ」と言いますが、右なら右だけで、真っ直ぐは要らないと思うのですが……。

お客さんの「どっちでも良い」という道案内も困ります。

酔い客は「真っ直ぐ」が口癖です。

他社で目的地の柏が、霞ヶ浦まで行ってしまい、話題になったこともありました。

また、寝ぼけた方も「真っ直ぐ」が口癖です。

寝ぼけていることに気づかずに、女性客が「真っ直ぐ、真っ直ぐ」とはっきり言うので大分行き過ぎてしまったことがありました。はっきりした口調で言っていたので、寝ていたとは気がつかなかったのです。

目を覚ましたお客さんは、怒って「ここで降りる」と言うのをUターンして、「兎に角、家まで行きますから……」と宥めながら家に着くころにはお客さんも「済みませんでした」と無事に済んだこともありました。

タクシーは最短距離で行かないと料金が高くなるので難しい面もあります。

大きい交差点の手前の信号と奥の信号を二つに数えるのにも戸惑いました。

また、「十二個目の信号を右へ」も困りました。

途中の赤信号で止まると、止まっている信号を数えたか、数えなかったか分からなくなってしまうからです。

「〇〇交番へ、その交番で俺の家を知っているから」という不思議な酔い客もいました。

不安ながら、その交番へ着くとお客さんはすっかり寝込んでいましたが、お巡りさんが「この人の住所は××」と交番の近くで道順まで教えてくれました。

交番利用常習者……？

女性客が寝入ってしまっても困ります。

会社からも女性客には手を掛けないで交番へと指導されていました。

その時もいくら大声出しても起きないので、たまたま、近くにいたお巡りさんに立ち会ってもらって起こしました。

目が覚めたらお巡りさんが三人もいるので、「まるで犯人扱い」と怒り出しました。「お客さんがいくら大声を出しても起きないから、仕方なくお巡りさんに立ち会ってもらいました。お巡りさんは、お客さんの住所も名前も聞かなかったから、犯人扱いではありませんよ」などと宥めました。

「お手数をお掛けして済みません」というのが普通の感覚だと思いますが……。

夜三人連れの女性客、楽しそうに話しながら、一人降り、二人降り、最後になった女性は急に「トイレ」と言いだしました。

近くの公衆トイレに行こうとした途中の交番前で「この交番、私、知っているから、止めて、止めて」というので、止めてドアを開けると交番の中へ飛び込んでいきました。

生憎お巡りさんがいないので、お客さんは奥のドアを叩きました。

中からドアを開けたお巡りさんを押しのけて「トイレ、トイレ」と奥へ入って行きました。

男性より女性の方がトイレを我慢できないと何かで聞きましたが……。

私は、お巡りさんに睨みつけられました。

「私が交番へ案内したのではありません」と言い訳したかったです……。

40
チップについて

「お客さんを、これで○○まで送ってください」と多めの金額を渡されることがあります。

そして、降りる際にそのお客さんにお釣りを要求されることもあります。

私はお金を払われた方と運送契約をして料金を頂き、お客さんを目的地へ運んだのですから、お釣りはチップとして頂いて良いと思うのですが……無理？　屁理屈？

お客さんは、私にとっては荷物のようなもの……。

気になるのは、多分、そのお客さんは、お金を出して運送契約をされた方にお釣りを返さないような気がします。

よその会社で、このような場合、運転手が「これはチップだから」と釣り銭を渡さないでトラブルになったと聞いたこともありました。

法的には分かりませんが、要求されなくても私は渡していたと思いますが……。

私が逆の立場でしたら、運転手さんがお釣りを出しても、「取っておいて」と言いますよ……多分？

もっとも、以前の会社で、仕事でお得意さんと飲食した後、タクシー代をお客さんへ渡すと、後日お礼の手紙と一緒に領収書とお釣りを送ってくる律儀なお得意さんもいたと聞いていました。

営業マンは「領収書で処理がし易くなるし、安心して多めの金額を渡せる」とも言っていました。

二人連れのお客さんの一人が支払いをして「お釣り良いです」と、続いて降りるお客さんに釣り銭を要求されたり、ご主人が「お釣り良いです」と降り、続いて降りる奥さんにお釣りを要求されたこともありました。

「今日はしこたま飲んだけど、先輩に全部ご馳走になった」と、千円ちょっとの料金に一万円をおいて某駅で降りた豪快なほろ酔い客もいました。

古い乗務員さんからバブルのころのチップは半端でなかったと聞きます。

盛り場では、タクシーがなかなか捕まらなかったとも聞きました。

明け方までお客さんが沢山いたそうで、羨ましいです。

助手席の窓を三㎝ぐらい開けておくと、その隙間に一万円札を放り込んでタクシーを捕まえるお客さんもいたとか、嘘のような話も聞きました。

まだ、私がタクシー運転手になる前に一世を風靡した、若い人は知らないでしょうが、坂上二郎さんと萩本欽一さんの「コント55」の多分、テレビデビューコントは、二人のサラリーマンが街角でタクシーの奪い合いを朝までしてもタクシーが捕まらず、疲れた二人は道端にしゃがんで「もう夜が明けますね〜」、「秋から冬になっちゃいましたね〜」などと繰り広げるもので、そんな楽しいコントを今でも覚えています。

乗務員になったころ、今まではチップを貰ったことがないので、チップを貰うと何か変な気持ちでした。

バブルのころに比べたら、僅かなチップでしょうが別にしておいて、カーナビがまだ高価だった頃、貯めたチップで買って禁煙車に先行乗務していたころのタクシーに付けたこともありました。

暫くしてそのカーナビは盗まれました。

犯人は、多分、仲間の乗務員です。

その後、カーナビは全車に付けられました。

会社では釣り銭箱もよく盗られます。

私も盗られて管理職に「盗られた」と訴えたら、「おっ、お前も盗られたか、あはは〜」でした。

如何に珍しいことではないかです。

家内に「そんな会社辞めなさいよ」と言われました。

社内に同僚のものを盗む人間がいるなんて信じられないのでしょう、正論です。

組合の新聞にも「会社は泥棒の放し飼いをやめろ！」などの記事もありました。

手癖の悪いのは、ごく限られた人だと思いますが……。

41

無線客いろいろ

無線配車されてその住所へ行っても、アパート名の表示がなかったり、部屋番号や表札がなかったりすることもあります。

無線依頼の電話をしてからシャワーを浴びてお化粧など身支度をして、夜のお店に出かけるお客さんは待ち時間が長く、私のブラックリスト入りです。

時間を指定する予約制度もあります。

予約は、前日からできます。

そして、予約客には、予約時間の五分前にお声を掛ける規則です。

そのお客さんは、朝、タクシー運転手の呼鈴で起床するようです。

それから身支度をして出てくるのですから待ち時間が長くなります。

この方もブラックリスト入りです。

それにしても無神経な人達だと思います。

年配の女性無線客の歯医者さんは、とても気さくな方で話好きです。

家庭内のごたごたまで何でも話します。

ご自分の経営する歯科医院へ毎朝の出勤に、無線でタクシーを呼ぶのでよく乗せました。

一番印象に残っているお話は、「夜、寝ている間にウンコひと塊ぐらい（凄い表現）口の中にとても沢山のバイ菌が繁殖します。ですから、朝起きてから、飲んだり食べたりする前の歯磨きが大切で、その際に舌ベロも磨くと良いですよ」と教えてくれました。

舌ベロに一番バイ菌が付きやすいからだそうです。

その先生を次にお乗せした時に「舌ベロを磨くと『おえっ』ってなりますね」と言うと「それが良いのですよ、年を取ってからの嚥下障害の予防になります」と教わり、それ以来、ドラックストアで家内に買ってきてもらった、舌ベロ磨き専用ブラシで朝起きてからの歯磨きの最後に舌ベロも磨いています。

でも、コロナなど流行っていない頃、ラジオで「最近、何を食べても、味覚が無くなってしまった」と言う方が病院へ来たそうです。原因は、ベロを強く磨き過ぎたからだそうで、二〜三週間ベロを磨かないでいたら味覚が戻ったという話も聞きました。

また、テレビでいつだったか朝、歯を磨いた後、歯茎まで磨き、上唇と下唇の内側から両頬の内側まで磨くと良いと聞いてから全て実行しています。

行きつけのカレー店の年配ママにその話をしたら、ママは小学校の頃、保健の先生に言われて以来ずーっとやっているそうです。

保健の先生は偉い！

42　釣り銭　1

ワンメーターぐらいの距離で毎朝一万円札を出していると思われる客もいます。

用意の悪い運転手は、朝だと釣り銭がなくて料金をまけちゃう人もいるらしく、それ狙いのお客さんと思われます。

私は、そういうお客さんに「はい」と、お釣りを渡していましたから、きっとがっかりしていたことでしょう。

ところが、ある朝、料金は二千円ぐらいだったでしょうか、一万円札を出すお客さんが続いて、釣り銭が足りなくなってしまいました。

それをお客さんに告げると、お客さんは、目的地に着いてからマックで釣り銭をこしらえようとしましたが、生憎、お店が混んでいました。

急いでいたのでしょう、戻ってきて「お釣りあるだけで良いですからください」と太っ腹なことを言われましたので、つられてこちらも「料金結構です」と言ってしまったことがありました。

お客さんの好意に甘えて、釣り銭用の小銭を全部渡してしまったら、それはそれで、タクシー運転手としては、釣り銭ゼロで営業を続けることはできずに困ることでもありますから……。

また、ある日、ワンメーターぐらいで、料金受け皿に二つ折りの千円札を出され、お釣りを渡して、走り出してから見ると真半分に切られた千円札でした。

残り半分はまた別のタクシーで使うのでしょうか。

真半分の千円札は紙くずです。

四人家族のお父さんでした。

お父さんの犯罪行為を家族は知っているのでしょうか、タクシー料金詐欺家族？

また、二千～三千円の料金に、「一万円でいいですか？」と言うので、お釣りを渡してお客さんを降ろして、走り出してから料金受け皿に一万円札がないことに気付くドジもありました。

もしかすると、この手の常習犯だったのかもしれません。

目的地まで行くと三千円ぐらいの距離だったでしょうか、お嬢さんは途中「一万円札ですけど、お釣りがなければ、細かいのを二千円しか持っていないので二千円のところで降ろしてください」と言います。

「お釣り大丈夫ですよ、それにしても、どうしてそんなに気を使うのですか？」

「コンビニで働いていますが二十～三十万円の釣り銭があっても、なくなってしまうこともあります。銀行の開いていない時間には、お店のお金を十万円ぐらい持って出て近所のお店には悪いのですが、自分のものを少しずつ買って、十万円崩すような苦労をしていますから……」と言っていました。

個人タクシーの運転手さんが千円前後の料金に一万円札を出されて「常識がない」と小言を言って苦情になった例があると、タクシーセンターの講習で注意されたこともありました。

でも「常識がない」は、正論だと思います。

バスでも「二千円札以上のお札は使えません」の車内アナウンスがあります。

バスの釣り銭は、多分、会社で用意するのでしょうが、タクシーは運転手が個々に用意します し、万札のお客さんが何人も続いたら運転手は大変です。

43

ガムたばこ

ファイヤーブレイクというニコチン入りガムたばこが売り出されたので早速買いました。

「たばこ良いですか？」と聞かれたら、「新発売のガムたばこがありますけれど、よかったらどうぞ」と勧めれば、受動喫煙が避けられると思ったからです。

車内で吸われなければガム代などたいしたことないと思いましたが、なかなか思い通りにいきませんでした。

成功したのはほんの一、二度でした。警戒されたのでしょうか、素直に受け取ってくれないお客さんが多かったですから、人相が悪いのでしょうか……。

「じゃあ、今はたばこを吸って、これは電車の中で食べてみよう」とガムを盗られてしまったこともありました。

車内喫煙はされるし、ガムは盗られるし、踏んだり蹴ったり。「じゃあ、ガム返せ」と言いたかったです……。

たばこを吸わせない苦肉の策だったのですが……。

44 領収書を渡さない喜び

非禁煙車時代、車内喫煙したお客さんの精算時には、必ず「領収書いりますか」といつもより大きい声で聞きます。

「いる」というお客さんには「はい」と大きな声で返事をして、なるべく渡さないようにします。

催促されると「はい、どうぞ」と渡します。

案外、そのまま領収書を受け取らずに降りていくお客さんもいます。

「やったー！」という気分になります。

これって悪いことですね……。

私からすれば、車内喫煙するお客さんも決して良い人ではないと思います……。健康を犠牲にしたささやかな仕返しです。

本当は、領収書は必ず渡さなければいけないことになっていますので、必ず渡すようにしていますが「いらない」というお客さんも結構多くて領収書が溜まっていきます。

目の悪い女性客から聞いた話では、目が悪いと分かると、一万円札を出したのに、五千円分のお釣りしか出さない運転手もいたそうです。「今の一万円札ですけど」と言ったこともあったそうです。

その運転手さんに降りるとき「領収書ください」と言ったら「領収書は出ないよ」と言ったという酷い運転手もいたそうです。

領収書を出さないことも違反ですが、目が悪いから通報される心配がないのでそういうことをするのでしょうか……私よりワルです。

45 料金立替など

乗務員になりたての頃、「三千円しかもっていないので三千円で行けるところまで行ってください」と深夜、終電に乗り遅れたか、寝過ごして遠くまで来てしまったのか、おとなしそうな青年。三千円のところに着いてみると、目的地までかなり遠いです。

ここから夜中に歩くのは大変だと思って「目的地まで行きますから、不足分は後で振り込んで頂けますか？」と言うと、すごく喜んでいましたが、振り込んできませんでした。確か、七千〜八千円の料金でしたが、住所・氏名など聞いておくべきでした。

別の日、いくら起こしても寝込んでしまった遠距離の酔い客、警察官が起こしてもダメです。運転手にはできませんが、警察官はお客さんの持ち物を調べることができます。

そして、警察官が自宅へ電話しました。

奥さんが迎えに来るということで、遅くなるので、連絡先を警察官へ伝えて、お客さんは警察へ預けて引き揚げました。

後日、お客さんからの連絡はありません。

営業所の所長さんが警察からお客さんの連絡先を聞いて、所長さんがお客さんへ料金の催促を三回ぐらい電話してやっと振り込んできました。

所長さんに感謝しました。

直ぐ振り込んでくれた銀行員や外国人もいました。

お二人とも支払いの際に、財布を忘れたことに気が付いたのです。

こちらが言わなくても、自分から名刺などおいて降り、携帯ナンバーも教えたりして、後日、催促しなくてもちゃんと振り込んできました。

別に普通のことですが、特別に誠実なお人柄のように思えてしまいました。

また、目的地についてマンションの部屋へお金を取りに行って、戻ってきて「ここまで九百八十円掛かったのはお前が初めてだ、名前は何というのだ」などと言う客もいました。

ついた時点でメーターは止めていますし、遠回りなど勿論していません。

この場合、メーターを止めなくても違法ではないと思いますが、戻ってこなくても仕方ないですから……待たせておいてよくこんな暴言を吐けるものです。

大体、いい大人が九百八十円のタクシー代も持たずに、乗車前に断りもなく、よくタクシーに乗れるものだと思います。

女性客、目的地に着いて、三千五百円ぐらいの料金で「あっ、済みません千五百円しかなかったから待っていてください」と大きなマンションへ消えた切りでした。

その女性客は、後で考えると、常習犯のように慣れた態度でした。女性はそういう悪いことはしないと思っていたのですが……。

ベテランの運転手は、部屋まで付いて行くそうです。そして、お客さんが部屋のドアを閉めようとしたら、靴を挟むのだそうです。お客さんが怒ったら「貴方とは初対面ですから」と言うそうです。

閉めたら最後、チャイムをいくら鳴らしても出てこないことがあるのでその防御策です。警察に届ければ良いのですが、調書を取られたりして時間も掛かるので、殆ど泣き寝入りになりますし、それ狙いのお客です。

今回の私は、マンションの部屋番号も分かりませんから警察へ届けることもできません。その女性は、きっと窓からタクシーが立ち去るのを見て笑っていたことでしょう……。

世間から酷いタクシー運転手がいると聞きますが、こういうお客がタクシー運転手を悪くしているとつくづく思います。

また、住宅街から手を挙げて「駅まで」と乗ってきた若い男性、「さっき駅からここまで個人タクシーに乗ってきて、すぐ、駅へ戻りたいから待っていてと、千五百円ぐらいの料金に千円札がなかったので、五千円札をおいて、直ぐ戻ってきたのに、タクシーが待っていなかった」と嘆いていました。

こんな酷い個人タクシーもいるのですね、「降りる時に、後ろにあるタクシーカードを抜いておくと、後で会社と運転手が特定できますよ」と教えてあげましたが、そこまで疑わないのが普通ですよ……。

悪い客もいれば、悪い運転手もいるということでしょうか……。

46　急がせるお客さん

「急いで〇〇まで」と言うお客さんもいますが、「ハイ」と言って「安全運転の範囲で急ぎます」と呟いています。

「急いで事故を起こして、お嬢さんのような方とあの世に行けるなら嬉しいですが、お嬢さんは、こんな爺さんとは死んでも死にきれないでしょう」などと冗談の言えるようなお客さんは楽しいです。

たまにですが、お客さんが降りる際に「お財布以外のお忘れ物ございませんか？」と言って、笑ってくれると嬉しいです。

中には、冗談を解さないお客さんもいますので、私のように一言も二言も多い運転手は気を付けなければいけませんが……。

急いで○○へと言うお客さんが、目的地に着いてから、財布をあっちこっち捜して、もたもた支払いに時間を掛けていると矛盾を感じます。

47

認知症と酔い客

ある大通りでおばあさんが手を挙げたように見えました。

よく見ると、やっぱり手を挙げています。

乗せると「運転手さん、私の言う通り○○駅の方へ真っすぐ行ってください」と手の挙げ方と違い、はきはきしています。

でも何となく不安、走りながら「何処へ行きますか？」。

「私の生まれたうち」

「それは何処ですか？」

「佐々木っていうの」

「どの辺ですか？　近くの駅とか住所など分かりますか？」

「そういうのはないの」

ダメだこりゃ、脇へ停めました。

そして、「佐々木さんのお宅はどの辺ですか？」。すると、困ったおばあさん、ごそごそとバッグの中からカードケースを取り出しました。

カードケースを見ると「この方は、○○と言います。徘徊の癖があります。見つけた方は恐れ入りますが、下記へお電話ください」とありました。

「分かった。分かった」

「そう、分かった？」

電話をすると女性の方が「えっ、タクシーですか？　済みません○○まで連れてきてください」。

ほぼ、おばあさんが乗った所へ戻ると男性が待っていて「済みませんでした」と缶コーヒーを下さり、千五百円くらいの料金を払ってくれました。

「お客さん着きましたよ」

「そう、着いた？」

「ありがとうございました」とドアを開けると降りて、その男性を見たおばあさん、大声で「どうしてお前がここにいるのだ〜」。

「運転手さんが電話をしてくれたんだよ」と二人は遠ざかって行きました。

お客さんは、生まれた佐々木家に着いたと思ったのでしょうか？

遠くまで行かなくてよかったです。

カードケースは良いアイディアでした。

認知症の方には、皆持たせて欲しいと思います。

その他にも認知症らしき方を乗せることは結構ありました。

認知症の方でタクシーを見ると必要がないのに手を挙げる癖の方もいました。

道案内はできず、カードケースもなく、交番へ届けたこともありました。

警察官は、手荷物などを調べて連絡先を調べることができます。

家族が来るのを待つので時間が掛かり、割に合わない仕事です。

ある年配のお客さんは、訪ねた家が留守でまごまごしています。

そして、諦めて「横浜の自宅の○○まで行ってください」と言われましたが、多分、一万円以上になりますし、財布の中に万札が何枚かあるのをチラッと見ていましたが、やはり交番に相談して、置いてきたこともありました。

そのお客さんが、横浜のご自宅を正確に道案内できないようにも見受けたことと、認知症に付け込んで遠方まで行くのに後ろめたさを感じた善良な運転手でもありました。

夜に手を挙げて乗ってきたおばあさん、道案内が、ちょっとおかしい。

「ここ」と言うので、ワンメーターの料金に一万円札を出して、「お釣りいい、いい」と言いますが「ダメですよ」とお釣りを渡しました。

ここへ来るまでもタクシーに乗ったと言っていましたから心配です。

しかし、心配なのでUターンして戻ってみると、やはり、まだキョロキョロと家を捜しています。

そして、また、手を挙げます。

さっき乗ったタクシーと気が付かないようです。

今度は、ゆっくりと行く先の住所や電話番号を聞くと、電話番号を○○と言いますので、少し別の話をして、また、電話番号を聞くと同じ番号を言います。

夜中なので、恐る恐る電話してみると、「姉がなかなか来ないので心配していたところです」と住所も聞いて、すぐ近くで、妹さんが外へ出て待っていて下さいました。

妹さんには一万円札のことも伝えておきました。

無事、目的地にお届けして、何かとても良いことをしたような気がしました。

それにしても、認知症の方が妹さんの電話番号を覚えているのは驚きです。

そういえば私も自分の携帯番号も覚えられないのに、昔、ダイヤル式でよく電話した実姉の電話番号は市外局番から今でもはっきり覚えています。まだ、そんなに認知症ではないと思いますが……。

もっとも認知症の人には、認知症の自覚がないと鍼灸医の先生に聞いたこともありましたが……。

私も何か心配になってきました。

「一人で大丈夫ね」と娘さんかお嫁さんらしき女性に見送られて乗ってきたおばあさん、行き先を案内するけれど、同じところをぐるぐる回るばかり、何処へ行くのか聞いてもふがふがで何を言っているのかわかりません。二人で車の中で途方に暮れてしまいました。

交番の前にお巡りさんがいたので、助けを求めようと車を止めましたが、そのお巡りさん、「そんなところへ止めてはダメだ」と交番の中へ入って行きます。

すると、おばあさんは大声で「〇〇へ行く道を教えてくださ〜い」と言いました。「えっ、〇〇ですか？　〇〇へ行くのですか？　〇〇なら分かりますよ」

無事、目的地に着いておばあさん安堵の笑顔、チップまで頂きました。

ふがふがでも、大声を出すと分かることを知りました。

九十二歳の女性がタクシーに乗ったら、運転手にいきなり「財布持っている？」と失礼なことを言われたと憤慨する新聞投書もありました。

中年女性の酔い客で、行く先を聞いても呂律が回らないで何を言っているのか、さっぱり分かりません。

「道、知らないなら、しょうがない」と道案内をしてくれたので指示通りに走っていると、今度は「あんた何処走っているのよ」ときた。

道が分からなくなったらしい、「私は、初めから『○○へ行って』って言っているでしょう」と大声をだされて、○○が分かりました。

○○に着いて、降りる時「あんた、人の話をちゃんと聞かなきゃダメよ」だと。「どうも済いませ～ん」とおでこに手を当てて三平さん謝りをしました。

48 医師のYさん

医学者でベストセラーの著書もあるY先生は、三回も禁煙をしたことがあるそうです。その度に太ったので禁煙を諦めたと何かで聞きました。

たばこ擁護論、たばこ無害論を週刊誌などに書いている医師なのに……。

禁煙を試みるということはたばこの害を知っている証拠です。

医師ですから知っていて当然ですが、禁煙のたびに太ったので、禁煙を諦めたそうですから禁煙に関しては医学者とは思えない方でもあります。

Y先生のたばこ無害論を週刊誌で読んだ医師が憤慨して「たばこについて公開討論しましょ

う」と呼び掛けても応じないそうです。

たばこ無害論に自信があるなら喜んで応じてくるように思いますが……。

ＪＴから謝礼を貰って、たばこ無害論を書いているという噂もあります。

身近にも、普通の人で禁煙したら太ったので禁煙をやめた人も何人かいます。

禁煙して太る原因は、禁煙すると味覚が戻り、胃腸の働きもよくなって、つい食べ過ぎるからと聞いたことがあります。

また、同じ量を食べても、禁煙で胃腸の働きが正常になり吸収が良くなって太ることもあるとも聞きました。

Ｙ先生に教えてあげたいです。

「禁煙したら太ったので、また吸いだしたら元の体重に戻った。たばこは俺にとって百薬の長だ！」と言っていた知人もいました。

ある研究で、たばこを吸うグループと吸わないグループに分けて体重を量ったら、吸うグループの平均体重の方が多かったという実験結果も聞いたことがあります。

健康のためにたばこを吸わない人は、吸う人に比べて普段から、栄養のバランスを考えて食べ物に気を付けたり、食べ過ぎないように、飲み過ぎないようにして、適度な運動もしている人が喫煙者に比べて、平均的に多いからではないでしょうか、素人考えですが……。

あるたばこの裁判（横浜タバコ病訴訟）で、たばこ無害論の意見書を裁判所へ提出した年配の医学者の方は、法廷の尋問で「意見書はいくらで書きましたか」と原告弁護士からの質問に、「今回の値段は、まだ決まっていませんが、前回の裁判（東京たばこ病訴訟）では百万円でした」と答えていました。

普通こういう質問には、依頼者に配慮して「裁判と関係ありませんから」と答えないのですが……。

このような判断もできないような年配の方しか、たばこ無害論を裁判に書いて提出する医学者はいないという噂です。

49 救急車はタダ？

明け方に、前方からふらふら歩いて来た青年、酔っぱらいかと思ったら「済みません、何処か近くの病院へ行ってください」。

「どうしました？」

「お腹の具合が悪くて……」と乗ってきました。

近くにいくつか救急病院はありますが、この時間に内科医がいるか分からないし、タクシーであっちこっち探すと料金が上がってしまいますので、一一九番で内科医のいる近くの救急病院を訊ねたところ「それは、救急隊にお任せください」と言われ、待っている場所を伝えて、青年に言うと、「僕帰ります」と言う。「何故？　救急車をもう手配しましたよ」、「僕お金ないから」、「救急車はタダですよ」、「えっ！」。しばらく待って救急隊に引き渡しました。

走ったのは一〇〇m足らずで、気の毒でしたがワンメーターの料金を貰いました。

こちらとしては、随分時間が掛かったのに、割に合わない仕事ですが仕方ありません。

その後、乗って来た若い女性に「いま救急車が有料だと思っていた青年がいましたよ」「えっ、救急車はタダですか？」だと。タクシーは結構、お客さんが協力して運転手の眠気を覚まして下さいます。

後日、乗ってきた中年男性は「具合が悪いので病院へ行く」と言うので、冗談に「本当に具合の悪い時は救急車だとタダで行けますよ」と言ったら「じゃあ、これ救急にしてよ」と真剣に言われて困りました。

「お客さん、頭の具合も診てもらった方が良いですよ」

ラジオで聞いた話では、主婦からの一一九番通報で「忙しくて行けないから病院から薬貰ってきて」などと信じられない電話もあったとか。

逆に、青年が救急車を要請したら、署員は「タクシーで病院へ行けますか？」と聞くと、まじめな青年は「行けます」と答えたので、タクシー会社の電話番号を教えたそうですが、その後、部屋で亡くなったという悲惨な事件があったそうです。

自分で行けるのに、タクシー代わりに救急車の要請をするような人がいるから署員も慎重になってしまう悲劇です。

一番の被害者は亡くなった方でお気の毒ですが、タクシー会社の電話番号を教えた署員も辛い思いをされたことでしょう。

消防署に「ちょっと待って！　その電話本当に緊急？」のポスターもありました。消防車を頼むとお金が掛かるから、自分で消そうとして手に負えなくなって、本当の火事になってしまうことも実際にあるそうです。

また、最近のネット情報をみると、一一〇番通報の十八・四％が不要な内容で「携帯を変えたので試しにかけてみた」、「酔ったのでパトカーで送ってほしい」、「家にゴキブリが出た」、「今日は何日ですか？」、「子供を叱って欲しい」等の信じられない一一〇番通報もあるそうです。

50 経済アナリストMさん

私は、よくテレビ出演もされている経済アナリストMさんの経済に関する解説は分かりやすくて好きです。

でも、たばこが値上げされる時、「一生分のたばこを買って大きな冷蔵庫に保管しておこうと思う」という話をラジオで聞いて、まさか実行しなかったでしょうが、たばこに関してはダメな方と思いました。

冗談に言ったとしか思えませんし、いくらの値上げだったかも覚えていません。

冷蔵庫はいくらするのでしょうか？　電気代は？　たばこは冷蔵庫でそんなに長くもつの？そして、残りの人生のたばこの量が分からないだろうにと思いました。

やはり、経済アナリストの方でもたばこに関してはお馬鹿さんになるのでしょうか、もし実行したとしたら、本物のお馬鹿さんです。

51

羨ましいおじさん

何処で乗車されたか覚えていませんが、五反田の関東病院へ行く男性客が車内で淡々と話された身の上話です。

親の遺産で貸家業をしていたが、六十歳になったのを機に辞めて、不動産を全部処分したら、通帳が三百億になった。

事情があって、処分できないビルが二棟あって、そこから毎月だったか、年間だったか、千二百万の家賃が入ってくる。

相続人がいないので死んだ後、国に没収されるのも癪だから、死んだ後は全部寄付するように手配してあるのだそうです。

そんなお金何に使うのか。「趣味は何ですか?」と聞いたら、

「ろくな趣味もなくてね、今日も午前中に病院が終わるから、午後は大井競馬へ行くつもりだけど、一日二十万以上は使わないように決めている」のだそうです。

地味な格好をした普通のおじさんで、ホラを吹いている様子は全くありません。「おじさん、仲良くしましょうよ」と言いたかったです。

どうして、こんな話をされたか覚えていませんが、多分、お客さんと世間話の中で、聞き上手の運転手に誘導されて話されたようです。

ラジオで、田舎の財産家が、詐欺師に騙されたり、ヤクザに脅されたりとか、色仕掛けにあって、財産を乗っ取られ住む家も失うような酷い話もあると聞いたこともあります。

最近も、一億円入りジュラルミンの箱をあっちこっち見せびらかしていた方が殺害された事件もありました。

「おじさん、気を付けてくださいよ」と言ってあげれば良かったと思いましたが、このおじさんはしっかりしていたから大丈夫だと思いますが……。

後日、聞きもしないのに「俺は洗足では億万長者で有名だ、現在百億持っている」という中年の男性客がいました。

「そうですか」と聞いてあげました。

52

尻ペタ

最近のハロウィンでは、仮装した若者を見かけます。

その日、外苑西通りの広尾駅近くで、何かでちょっと路駐していると、左の歩道を仮装して通り過ぎる三〜四人の女性の後ろ姿を見て目が点になりました。

そのうちの一人が素肌のお尻を半分出して歩いていたからです。

いくらハロウィンだって、半ケツなんか、裁判所でもあるまいし。

おじいさんにでも刺激が強すぎますよ……。

別の日、ハロウィンではありませんが、明け方に前からくる人が電柱に身を隠すようなしぐさが目に入りました。

すれ違いながら右横を見ると、何と若い娘さんがスッポンポンではありませんか、通り過ぎてバックミラーに可愛いお尻が二つ見えました。

何があったか知りませんが、正義感？で送ってあげようと、Uターンして戻りましたが、Uターンに手間取って、戻ったら姿が見えませんでした。

何処へ消えたか分かりません、不思議な朝の出来事でした。

53 エコーカード

都内のタクシーには、タクシー会社の住所の宛先が書かれた「エコーカード」というハガキが直ぐ取れるように、後部座席に何枚か備えてあります。

タクシーへの苦情や運転手への感想など、なんでも意見をタクシー会社へ送れます。

苦情を一度、お褒めを一度貰ったことがあります。

苦情は「酷い運転手だ」と、ないことないこと書かれていましたが、投函者の氏名と連絡先の記載がなく、会社は私の弁明を聞いてくれました。

この投稿者は、エコーカードの苦情内容から覚えています。

中距離のお客さんでしたが、ルートの選択でトラブルになりました。

私としては、お客さんとルートを確認して走行していましたが、その確認したルートが生憎渋滞していました。

お客さんは、私が勝手にルートを変更したから渋滞にハマったと文句を言いだしました。

こういう難癖を付けるお客さんは、滅多にいません。

目的地に着いて、渋滞で料金が高くなったと、お客さんのあまりの激高に乗り逃げや身の危険も感じて一一〇番通報して、事情を話しました。

お客さんは、警察に通報されて仕方ないと思ったのか、料金を払ったのでお釣りを渡すと、その釣り銭を投げつけましたので、再度釣り銭を渡すと激高しながら降りて行きました。

全く、タクシー運転手泣かせのお客さんです。

最近は、ドラレコと車内防犯カメラで録音、録画されますから、普通に応対していれば、以前より大丈夫で安心ですが、常に車内防犯カメラを意識して、こちらも丁寧な接客態度を心がけるようにしていました。

お褒めのエコーカードは、年配のご婦人から「大変礼儀正しい、感じのいい運転手さんでした」とあったのが最初で最後でした。

乗務員の中には、しょっちゅうお褒めのエコーカードが届く運転手もいます。

私と違って、よほど感じのいい運転手さんなのでしょうか？

54

車内防犯カメラと轢き逃げ

繁華街で、「タクシーに手を挙げたのに通り過ぎ、その時、手がタクシーにぶつかって、朝、手がしびれている」と女性から警察へ通報されました。

朝、会社から家に連絡がありました。

怪我をしているなら轢き逃げになります。

警察は、私より先にドラレコや車内防犯カメラを見て、全くお咎めなしでした。

その後、私もドラレコと車内防犯カメラを見ましたが、私の視線は、すれ違う右の車をみており、手を挙げた左の女性を全く見ておらず、女性客が通り過ぎる私のタクシーに手を挙げている様子がカメラに映ってはいましたが、タクシーと女性とは接触するような間隔でもなく、警察も接触はなかったと判断したようです。

少しでも接触していれば私も気が付いた筈ですし、映像には接触時の音も入りますし、しびれるほどの接触でしたら必ずドラレコで確認できます。

警察にはこのような悪質で虚偽の通報も取り締まって欲しいと思います。

轢き逃げ事故は、救護措置義務違反三十五点、免停三年、五年以下の懲役または、五十万円以下の罰金のようです。

私も直ぐ、知り合いの弁護士に、「お世話になるかもしれない」と連絡しておきました。

後日、上司と女性宅へ会社負担の菓子折りを持って謝りに行きました。

訪問日時を連絡して伺ったからでしょう、女性の手には白い包帯が痛々しく巻かれていました。

警察が不問にしているので、謝りに行かない方が良いと思ったのですが……。

客観的に、手に包帯を巻くほどの怪我をさせて、気が付かないで通り過ぎる職業運転手は失格ですし、警察が少しでも接触した疑いがあると判断すれば、被害通報を受けているのに、運転手から事情聴取もせずに不問にすることはないと思います。

警察がドラレコや車内防犯カメラで確認して不問にしたことが、私に非がない証拠です。

手を挙げたのに止まらなかった腹いせに、ぶつかって手がしびれていると警察へ嘘の通報をして、手に包帯を巻いて、会社の管理職と運転手を謝りに来させ菓子折りをせしめたようです。

世の中には心の曲がった女性もいるものです。

手がしびれて包帯を巻いているのに病院へは行かなかったのでしょうか、診断書の提出や治療費、慰謝料の請求もありませんでした。

逆にその不届きな女性を逮捕して欲しいと思います。

私としては、警察や会社の対応も大いに不満でした。

繁華街では、タクシーの直前を嘘だろうと思うようなタイミングで出てきて、ハンドバッグをタクシーにわざと強くぶつけるというか、叩きつけるようにした女性もいましたが、余程何かイライラしていたのでしょうか、迷惑なことです。

仲間の運転手が身に覚えのない轢き逃げ事故をでっちあげられ、酷い目に遭いました。

その轢き逃げ事故は、車内防犯カメラを見ると、目的地に着いて女性客が降りる際に両足を下ろした状態（小柄な女性で足が浮いていたのかもしれません）で、両手に荷物を持つのに手間取っていました。

運転手は、ドアを開けたまま料金受け皿のお金を左手でしまっており、タクシーを止めた道は、緩い下り坂で、タクシーがゆっくりと一メートルほど外の景色が動く様子が、車内防犯カメラに映っていました。

従って、お客が降りないうちに、タクシーが動いたのは運転手の不注意です。

動いた時、女性の片方のサンダルが脱げました。

運転手は車が動いたとは気が付いていませんが、女性に言われて、車を少し前に進めて女性がサンダルを拾ったので「（サンダル）大丈夫ですか？」と言って立ち去りました。

ところがその夜「タクシーが降りる際に動いて足を捻挫した轢き逃げだ」とご主人と会社へ怒鳴り込んで来ました。

当直の上司は「足が痛そうな様子もなくスタスタご主人と事務所へ入ってきた」と後で言っ

ていました。

運の悪いことというか厄介なことに、ご主人が弁護士でした。

さすが、弁護士の奥さん、ご主人に入れ知恵されたのでしょう、「私は、痛い痛いと屈んで足を押さえて叫んでいましたが、タクシーは立ち去りました」と被害届に書かれていました。

タクシーは、降りて空車にした時刻と住所が自動的に記録されますので、降車時刻は誤魔化しようがありません。

従って、初めに提出した被害届には、直ぐ、主人に連絡して、タクシー会社に向かったと陳述していたのが、会社の当直がその後、提出した被害者の会社訪問時刻やタクシーが空車になった時刻と辻褄を合わせるためでしょう、主人に連絡してから、夜、子供を家において留守にするので、○○に留守を依頼したりした後、主人の車でタクシー会社へ向かったと、後の陳述書で訪問時刻が変更されました。

さらに運の悪いことにその時の防犯カメラの映像が手違いで、後日消されてしまったのですが、そのことを弁護士が何故か知っていました。

私も、消される前のビデオをみましたが、屈んで「痛い、痛い」などと叫んでいませんでした。

ビデオを消したのは、防犯カメラを設置した設備屋さんでした。

素人ならまだしも、専門の方が大事な映像を消してしまうような手違いをすることがあるのでしょうか、弁護士にそそのかされたこともないでしょうが、そそのかした証拠もありませんが……。

そして、ビデオテープが消されたら、当然、証拠を隠滅したとこの弁護士なら激怒する筈ですが、不思議なことに、法廷で冷静に受け止めていました。

さらに疑わしいことは、被害者は事故の数日後、捻挫して腫れあがったという、ご主人が撮影した足首の証拠写真（腫れているのかどうか、素人にはわからない写真です）を数枚提出してきましたが、医師の診断書には、写真撮影の三日後ぐらいの「○月○日ごろ完治したと思われる」と記されていました。

捻挫はそれほどすぐに腫れがひいて完治しないと思いますが……。

後日、こちらの弁護士が相手の弁護士と電話で話した際に「とても弁護士とは思えないほど激高していた」とこちらの弁護士が呆れていました。

こちらの弁護士が呆れるほど激高した弁護士が、証拠のビデオが消されたことに激怒しないで、法廷でビデオが消されたことを冷静に受け止めていたことも、とても不自然に後で思いました。

治療費は僅かだったのでしょうか、確か、病院へご主人の車で行った分もタクシー代に換算して請求していましたから流石、弁護士です。

その運転手は、執行猶予付き有罪判決を受け免停三年になり退職しました。

たとえ、怪我をさせたとしても、怪我をさせたことを知らずに立ち去ったのであれば、轢き逃げにはならないと後で聞きました。

検察官に「お客が『痛い、痛い』と叫んでいるのに分からない筈がないだろう」と恫喝されたそうです。

そこが弁護士ご主人の思うツボで轢き逃げにされてしまい、後で悔しい思いをした事件でした。

被害者の弁護士ご夫妻は、治療費と慰謝料を三十万円ほど入手したと後で聞きました。

取り調べの警察官は、「相手が弁護士だからな〜」と何度も呟いていたそうです。

怪我をさせたなどとは、夢にも思わずに「(サンダル)大丈夫か？　と言って立ち去りました」と、いくら説明しても、警察官は「知らないで立ち去っても、怪我をさせていれば、轢き逃げだ」と言っていたそうで、そういうものかと運転手も轢き逃げは免れないのかと思ってしまったそうです。

後でこの警察官の解釈は法的に誤りと聞きました。

警察や裁判所も、タクシー運転手の供述より、弁護士の奥さんの供述を信用するのでしょうか、警察や検察は、弁護士の奥さんの言い分を通しておいた方が無難だと無責任に考えているようにさえ思いました。

私は、その乗務員の「サンダルが脱げたことは、お客に言われて分かったが、捻挫させたなど夢にも思わないで『大丈夫ですか？（サンダル拾えましたか？）』と言って立ち去った」という話を信じています。

また、お客さんは、捻挫もしていなかったと思っています。

防犯カメラに映っているほどゆっくり少し動いてサンダルが脱げたとしても捻挫などしないと思います。

私は、業者が弁護士にそそのかされてビデオを消したのではないかとさえ疑っています。

それにしても、タクシー運転手とは雲泥に社会的地位の高い弁護士さんを怒らせてしまった原因が、その運転手にあったのでしょうか、未だに分かりません。

本来、弁護士は、困った人を助ける職業であるのにと思いました。

よほど暇で質の悪い弁護士が副業に精を出したのではないかと思っています。

55

タクシー乗車カード

私は、以前から「タクシー乗車カード」制度があると良いと思っていました。

お客さんの住所、氏名の入った「乗車カード」を機械に通さないと実車ボタンが入らない仕組みにします。

従って、乗車カードを持っていなければ、タクシーに乗れない制度です。乗車カードは、区役所などの行政機関で発行できると思います。

海外からの旅行者にはパスポートに予めタクシー乗車カードも設定するようにできると思います。

これにより、タクシーに乗っているお客さんの住所、氏名が分かりますから、タクシー強盗や無賃乗車、乗り逃げ等を防止できると思います。

忘れ物や落とし物の連絡もしやすいです。

タクシーの弱点は、手を挙げて乗って来たお客さんの住所氏名が分からないことです。

それに反してお客さんは、タクシー会社はもとより、車内についている顔写真付き乗務員カードで乗務員名と顔まで分かりますし、領収書でも分かります。

分からないことを良いことに、質の悪いお客さんは、暴言を吐いて悪態を付き、乗務員を困らせることがあります。

乗車カード制度があれば、運転手への嫌がらせや暴言なども運転手の方から、警察へ通報できます。

通報内容によっては、カードの一定期間使用停止処分、或いはカードの取り消し処分もあって、タクシーが利用できなくなる制度です。

また、私は以前から、急ぎのお客さんには、タクシーがサイレンを鳴らして走行し、割り増し料金の発生する案はお客さんにとっても良いアイディアかと密かに思っていますが……。

実際に、タクシーがサイレンを鳴らしても一般車は、道を譲ってくれないかもしれませんし、もしそんな制度ができたら、朝などサイレンを鳴らして走行するタクシーだらけになってしまうかもしれませんから、この案は没ですね……。

56
個タクのスピード違反

知り合いの個人タクシーは、某幹線道路の歩道よりの第一通行区分帯を空車で走行していました。

その個タクの前を乗用車が時速三十㎞ぐらいのノロノロ走行をしていたので、個タクは、第二通行区分帯によけて乗用車の前へ出ようとすると、その乗用車も一緒にスピードを上げて追い抜きをさせません。

結局、時速七十㎞ぐらいになり、個タクは追い抜きを諦めスピードを緩めたところで、サイレンを鳴らされスピード違反で捕まりました。

ノロノロ乗用車は、覆面パトカーでした。

これは、個タクの方から聞いた話です。

こんな災難があるのですね。このようなスピード違反の取締は、他に聞いたことがありません。

これを囮捜査というのではないでしょうか……。

日本では、麻薬捜査以外の囮捜査は禁止されていると聞いていますが……。

覆面パトカーも随分悪質なことをするものです。

警察は正義の味方ではなかったのでしょうか……怖いです。

57 ロングスカート

私が自転車通勤をしていたある朝、幹線道路の歩道上で四十歳前後の女性が自転車の後輪にロングスカートが巻き付いてしまい、自転車からは降りたものの、巻き付いたスカートに引っ張られて身動きできない状態になっていました。

私は自転車から降りて、女性に「自転車押さえていますから、スカートを引っ張って……」といい、自転車を押さえました。女性は、スカートを引っ張ったが取れません。

「ダメですか？」「それでは、貴方が自転車を押さえていてください」と後ろへ廻りスカートを引っ張りましたが、スカートは自転車の後ろのタイヤの中心部にぐるぐると何重にも巻きついた状態でダメでした。

スカートは既にかなり破けていました。「ハサミで切らないとダメかも……」交番の前でしたが、生憎、お巡りさんがいませんでした。

ところが、後ろの荷台を少し持ち上げ、タイヤを浮かしてスカートを引っ張ると、タイヤが回ってスカートが後輪から簡単にほどけ始めました。

落ち着いて考えれば直ぐ分かることでした。

「大丈夫、大丈夫」と全部ほどけました。

それにしても、スカートはぐるぐるとよく巻き付いたものでした。

ですから、女性もスカートに引っ張られて身動きできなくなってしまいました。

スカートはかなりビリビリに破けていましたが、裏地があったので恥ずかしい状態にはなりませんでした。

「とれた、とれた、良かった、良かった」と女性のスカートに手を触れ、年甲斐もなく恥ずかしかったのですが、女性はスカートがびりびり破れて、もっと恥ずかしかったことでしょう、「ありがとうございました。ありがとうございました」という声を後に、顔も見ないで自転車に乗って立ち去りました。

それにしても、女性はそのままではとても出勤できずに家に戻ったことでしょう。怪我をしないで良かったです。

ロングスカートでは、自転車に乗らない方が良いようです。

その後もロングスカートで自転車に乗っている人を見ると「危ないですよ」と注意したくなりますが、注意したことはありません。

気が付いてみますと、自転車に巻き込み防止の網が付いているのもありますから、女性の自転車には皆さん付けた方が良いと思います。

58

公衆トイレの前に長距離客

公園の公衆トイレに寄ろうとしたら、公園の前で手を挙げる男性客がいました。乗せると長距離客でした。

長距離は嬉しいけど、トイレを理由に断れないので我慢して行きました。

その日、何かで高速道路がストップして一般道は大渋滞でした。

我慢してやっと目的地に着いてお客さんを降ろしました。

気が遠くなりそうな状態でコンビニに飛び込んで用を足しました。

タクシーでは、トイレに困ることがよくあります。

ですから、いつ、長距離のお客さんが乗ってもいいように、公衆トイレをみると直ぐ寄って膀胱を空にしておく癖があります。

それが悪循環になり加齢も重なって余計に頻尿になるようです。

他社のタクシー運転手がトイレを理由に断ったら、苦情になったという話も聞いたことがありますので、トイレに行きたいときに「済みません、今日はお腹の具合が悪くて遠くへ行けないのです。済みません」と長距離客を断腸の思いで断ったこともありました。

普段は中々長距離なんてないのに、そういう時に限って長距離客が乗って来たりすることがあります。

営業所のトイレに戻ろうとしたら、営業所の近くで手を挙げた年配の女性、多分近くだろうと思ったら意外に遠くて、随分我慢したのですが、ついに「済みません、ちょっとコンビニへ寄って良いですか？」と言うと「良いわよ」と言われ、ホッとしてコンビニで用を足して「どうも済みませんでした」と戻って、お詫びに缶ジュースを差し上げたこともありました。

もちろんその間メーターは止めますが、女性のお客さんに「トイレに行きたい」とはちょっと言い難いです。

おむつをしていようかと、家内に買って来てもらったりして、真剣に考えたこともありました。

実は、おむつで用を足した経験は以前にありました。

二級ヘルパーの講習を受けた時、経験のために皆におむつが渡され、家で使ったことがありました。

おむつで小さい方でも用を足すって結構、大変というか勇気がいりました。

入院して、ベッドへ寝たまま、おまるで大の方の用を足すのも初めはなかなか大変だったと知人から聞いたこともありました。

先日の大嘗祭のパレードの人出は、十二万人だったそうです。トイレの待ち時間が何と一時間二十分だったとか、私なら待っているうちに漏らしちゃいます。

パレードへ行かなくて良かったと思いましたし、今後もそういうところへは行かない方が無難のようです。

買い物でコンビニに入ろうとしたら、入り口に「お客様用のトイレはございません」の貼り紙を見て、このコンビニは、俺の敵だと思い買い物をしないで引き返したこともありました。

大分前ですが、コンビニに公衆トイレの設置を義務付けるという案が浮上して、期待しましたが立ち消えになったようです。

以前、東京都の副知事さんは、都庁内の何処でもたばこを吸いだしてしまい、しょっちゅう職員に注意されたそうです。

その後、副知事室にトイレが新設され、都議会で「税金の無駄遣いでは？」と質問されたそうです。

何と答弁したかは知りませんが、「こんな質問こそ税金の無駄遣いだ」と、後で記者連に言っていたそうです。

私は、副知事さんが副知事室に新設させたトイレを喫煙室代わりにしたのではないかと思っていますが、そのようなマスコミの報道はありませんでした。

副知事室にだけトイレを新設するなど不自然です。

トイレの設置費用を副知事さんの給料からは差し引いても良いと思いますが、差し引いてはいないでしょうね、東京都はこんな我儘も聞いてくれるのでしょうか、優しいです。

また、実行力のあるその副知事さんは、電車の終日終夜運行を提案したこともありましたが、これはタクシーにとってマイナスの影響があるので心配していましたところ、幸い立ち消えになって助かりました。

59 酷く揺れるバス

近くに酷く揺れる路線バスがあり、発進、加速、減速、停止とその度に呆れるほど揺れます。同じところを走る他の二社のバスは揺れませんが、揺れるのは特定のバス会社だけというのが不思議です。

バス運転手として、揺れないように運転するのは基本だと思います。

バス会社のホームページから苦情通報をすると、改善するという丁寧な回答がありましたが、幾分改善されたかなと思う程度の改善しかされません。

苦情通報では揺れを認めているし、他からも苦情があったと言っていましたが、改善されないのが不思議です。

その後も、もう笑っちゃうほど下手くそというか、どうしてこんな下手くそな運転ができるのか、わざと揺れるように運転をしているのではないかと思うほどですが、苦情通報も効果がないし、最近はバスに乗る機会も減ったので、通報しませんが……。

バスの免許を持っていない私がバスを運転しても、もっと滑らかに運転できると思います。

タクシーでは当然ながら滑らかな運転を心がけます。

滅多にないことですが「プロの運転手さんに言うのは失礼ですけど、運転がお上手ですね」とか、また、別のお客さんから「毎朝、こういうタクシーに乗りたいわ」なんて言われると、もう天にも昇る心地になります。

ある日、右折の時、かなり前方の信号が右折矢印になりました。

前にいた右折サインを出している乗用車に続いて右折できると思って、アクセルを踏んだのですが、意外なことに前の乗用車が右折しないで早々止まってしまいました。

慌ててブレーキを踏みましたが、止まらずそのままでは追突するので、とっさに左へハンドルを切って、急ブレーキを踏むとキッキッキーと四十五度斜めに止まりました。

後ろのお客さんは肝をつぶしたことでしょう、謝って、お詫びに千五百円ほどの料金は頂かずに自腹で納金しました。

運が悪ければ、左を走行するバイクや車と接触したかもしれません。

「二度とこのような乱暴なタクシーには乗りたくない」などと、会社やタクシーセンターへ苦情通報されても仕方ありませんでしたが、幸い通報は免れました。

本人が自慢するほど、お上手で安全運転をする運転手でもないようです。

60 気になること 1

少し前のことですが、関西の方から串カツのお店が東京へ進出してきました。

進出してきたころ数人で行きましたが、串カツは美味しかったです。

その串カツ店は、二度付け禁止をうたい文句にしていましたが、その理由がわかりました。

テーブルに着くと既に、タレの入った容器がおいてあります。

どうもそのタレは前のお客さんの使い残しで、私達の後もまた次のお客さんがそのタレを使うようです。

次に行くと、タレの容器に蓋がしてありましたが、やはりタレはお客さんの使い回しのようで、ちょっと嫌ですね。

お客さんが帰るまで、飲んだり食べたりしながらワイワイしゃべると、唾も飛ぶのではないでしょうか、私が神経質すぎるのでしょうか。

61　気になること　2

最近、テレビを見ていて気になることがあります。

その一つは、左手で箸を使うタレントさんがいますが、左手の方がかっこ良いような風潮があるのでしょうか……。昔は、左手の箸は見たことありませんでしたが、最近は細かいことに拘らないようです。

麺類を喰いちぎるのも、テレビでタレントさんは、普通にやっていますね。

私は喰いちぎるのが嫌いで、孫たちに、「喰いちぎるなんて行儀が悪い……」と注意しています。

孫たちは、うるさいな〜と思っているでしょうけれど、喰いちぎりはやりませんが、他の人からは聞いたことがありませんから、私が細かすぎるのでしょうか。

また、テレビで美味しい料理を紹介する際にタレントさんが帽子を被ったまま食事しているのも気になります。

政治家や会社の責任者の方が「お詫び申し上げたい」という表現がテレビなどでよく使われて気になります。

ある政治家が、二〇一一年の東北地方太平洋沖地震が「首都圏でなくて良かった」と失言して批判を浴びました。

その後、彼は「東北の方々にお詫び申し上げたい」を繰り返し、東北まで行って「お詫び申し上げたい」を最後まで繰り返していました。

「お詫び申し上げたい」は、お詫びしたことにならないと思うのですが……。

「お詫び申し上げます」と言うべきと思います。

「盗ったお金をお返ししたい」は、お金を返したことにはなりませんから、違います？

62
アイコス

禁煙車時代のある朝、無線客を乗せると「電子たばこ良いですか？」と聞かれたので「済みません」とお断りしました。

「えっ！　毎朝おたくのタクシーに乗っているけど、断られたのは初めてだよ」「済みません」

「分かった」と吸いませんでした。

確か、四千円前後のお客さんだったと思いますが穏やかな方で助かりました。

「ご協力ありがとうございます。ちなみに電子たばこの銘柄は何ですか？」

「アイコスです」

私も詳しくないですが、アイコスは電子たばこでなくて加熱式たばこだと思います。

これは、たばこの葉を加熱してその蒸気のようなエアロゾルを吸うそうで、当然、ニコチンを吸い込んで吐きだしてもいるので受動喫煙もあるようです。

アメリカのフィリップモリス社製でアメリカでは、最近まで販売許可が出ておらず、販売されていなかったと聞いています。

ある家電製品の量販店の一角にアイコスの売り場がありました。

お嬢さんが寄ってきて「如何ですか？」と言われたので、お嬢さんに「あなたはたばこ吸う人ですか？」と聞くと「はい」と答え「害がないことは科学的に証明されています」と言っていました。

「アメリカでは販売されていないそうですね」、「アメリカは規制が厳しいです」と矛盾した説明でした。

「害がないことは科学的に証明されています」は、お嬢さんが承知しているかどうか知りませんが、間違いです。

害がないように、或いは害が少ないように宣伝されていますが、ニコチンも入っていて害は、紙巻きたばこと同様にあるそうです。

巣鴨のとげぬき地蔵尊高岩寺の来馬住職さんは、心臓外科医でもあり、外出するときは携帯AEDを持って出掛けることもあるそうですが、禁煙にも熱心な方です。

ご自分のことをいそうでいない「医僧」と仰っています。

巣鴨の商店街も禁煙になっていると聞いていますし、大勢の高岩寺職員を全員禁煙に導いたそうで、その来馬住職さんは新型たばこのことを「吸い込め詐欺」と仰っています。

そして、加熱式たばこでは爆発事故が起きて、喫煙者の舌べロが半分飛んだりする事故がおきているから、吸ってはダメですよと学校などで生徒さんに講演していると聞きました。

最近になって、リチウムイオン電池から出火事故が起きて、首都圏の一部のたばこ店で、古い加熱式たばこの回収を始めたと新聞報道されています。

また、意外なことに、低温で加熱される加熱式たばこは普通の紙巻たばこよりニコチンが多く吸収されることがマウスの実験などで明らかになっているそうです。

そのためか、紙巻より禁煙も難しいと聞いたことがあります。

紙巻きたばこを吸うと先端の温度が上がって赤くなり、そのために有害物質が減少するとも聞きましたが、確かではありません……。

63 香害

女性とすれ違った際、洗剤か柔軟剤の良い匂いがすることがあります。

ある会合で、隣の方が鼻をしゅんしゅんしているので「どうしました?」と聞くと、「いやー、電車で隣に座った女性の化粧がきつくて、こういう時は、うちで風呂に入るまでは治らない」と言っていました。

タクシーでもこういう方が乗ってくることがあります。

洗濯に使う柔軟剤の匂いも香害で有害と聞きます。

新聞に、主人のオフィスで近くの女性の柔軟剤の匂いがきつくて、頭痛がして困っているが、その女性は自分の好みだからと言って改めないので困っているという相談も見たことがあります。

幸い、私は、匂いに鈍感なので助かります。

でも「食べるニンニク」が流行った時期には度々匂いました。

たばこのような有害性はないでしょうが。

私は、匂い音痴の味覚音痴です。

味覚音痴と感じるのは、コーヒーが好きでコーヒーの生豆を家で焙煎して挽いて飲んでいますが、豆の種類をいろいろ変えても味の違いがよく分からないので張り合いがありません。

アルバイトで行く会社の近くに美味しくて評判のいいご夫婦でやっている焼鳥屋さんがあります。

時々買って帰り家で喜ばれますが、焼き鳥屋さんだけに焼き鳥の匂いのする黒い煙が周辺にもうもうと凄いです。

とても美味しそうな匂いですが、四六時中嗅いでいるご近所の方は苦痛ではないでしょうか。

64 忘れ物

タクシーで一番多い忘れ物は携帯電話です。

最近はスマホですが、忘れた携帯には着信があるので住所を聞いて届けたことも何度かありました。

ある日、車内に財布が落ちていましたが、落とし主は、多分、あの年配の男性客とまでは分かっても届けようもありませんから、仕方なく会社の事務所へ届けておきました。

後日、会社へ「車両ナンバー○○のタクシー内に財布が落ちていなかったか？」と問い合わせがあった後、財布を取りに来たそうです。

後日、その方に偶然会いました。

どうしてタクシーの車両ナンバーを覚えていたのかお聞きしたところ「昔、現金輸送の仕事をしていたので、そのころから付近にいる車のナンバーを覚える癖があって、乗ったタクシーのナンバーも覚えていた」そうです。

年配の方でしたが、凄い記憶力に感心しました。

65

タクシーの禁煙化

地域ごとのタクシーの禁煙化は、二〇〇六年四月、大分市周辺の法人と個人タクシーの全面禁煙化を皮切りに、同年九月に大分県の個人タクシーが、翌年六月には大分県の法人タクシーが全面禁煙化され、それから約五年後の二〇一一年一月、和歌山県を最後に全国四十七都道府県に波及しました。

以下、都道府県別の法個タクシー全面禁煙化順位です。

①大分②長野③神奈川④静岡⑤富山・山梨⑦岐阜・千葉・愛知⑩秋田・茨城⑫新潟⑬東京・埼玉・福井⑯群馬⑰香川⑱沖縄・福島・栃木・岡山㉒石川㉓滋賀・奈良㉕福岡㉖愛媛・三重・鹿児島㉙山形・高知㉛佐賀㉜京都㉝徳島・宮崎・熊本㊱宮城㊲兵庫㊳広島㊴島根㊵青森・大阪㊷山口・岩手㊹鳥取㊺長崎・北海道㊼和歌山

なお、全国個人タクシー協会の調査によりますと、二〇一九年三月協会傘下の禁煙個人タクシー導入率は九十五％とのことです。

また、同年全国個人タクシー連盟加盟の個人タクシー禁煙化率ワーストスリーは以下です。
①京都六十七％②岡山八十％③大阪八十五％

66 地震

二〇一一（平成二十三）年三月十一日㈮十四時に東北地方に発生した地震は、マグニチュード九・〇、日本の観測史上最大規模だったそうです。

私は、営業所の駐車場で気持ちよく仮眠中でした。車の揺れで目が覚めると、車がガタガタ横揺れして、隣の車とぶつかるのではないかと心配するほど酷く揺れました。

それから給油所へ向かう途中に乗せた男性客は「六階のオフィスにいたが、女性が二人船酔い状態で嘔吐した」と言っていました。

六階で船酔いですから、地震の際にわざといつまでも揺れるように建ててある免震高層ビルでは大変だったのではないでしょうか。

そのような高層ビルでは、地震に限らず、風でも揺れて気持ちが悪く、ある方は、大地震の少し前に低層マンションの一階へ引っ越した方もいました。

地震の後、いつもの給油所から池袋への男性客を乗せました。

何処も大渋滞で電車はストップして、歩道を大勢の人が歩いていましたから、「酷い渋滞ですから歩いた方が良さそうですよ」と言うと「体が悪くて歩けない」と言うので行きました。

基本的には六号線の山手通りで、普通なら三十分ぐらいの数千円で行けると思いますが、結局四時間掛かり二万円を超えました。

お客さんは「四万円ぐらい覚悟していたけど助かった」と喜んでくださいました。

仲間のタクシーも皆大変で、「今日は帰庫時間を心配しないで、お客さんを最後までお送りするように」と緊急事態宣言が無線で入りました。

池袋でお客さんを降ろしてから、車中で走りながら食べられるようにおにぎりをコンビニで買い、トイレも借りてから回送にして山手通りを戻りました。帰りは反対方向のためでしょうか拍子抜けするほど、スムーズでした。

途中で何度か手を挙げられましたが回送ですから乗せずに、渋谷駅近くに来てからやっと何人か乗せた後、無事帰庫しました。仲間のタクシーは、お客さんを乗せても電車がないので長距離が多く、一人乗せたまま渋滞の中を朝まで掛かって目的地に着いたタクシーもあったようです。

タクシー料金は渋滞でもメーターは、少しずつ上がりますから、四万円を超えるようなタクシーもあってお客さんも悲鳴をあげていたそうです。

この日、自転車店の店頭自転車も空になったと聞きました。

また、ＮＨＫラジオは、地震情報だけを終夜、朝まで放送していました。

67 「バカヤロー！」

タクシー乗務員になったころ、東京タクシー近代化センターで接客の講習を受けた際に、ユーモアのある講師が「接客で嫌なことがあっても笑顔を絶やさず、お客さんが降りてから『バカヤロー』と、憂さ晴らししなさい」という話がありました。

ある日、とても嫌な客を降ろして、間を置かずに女性客を乗せると、さっき降ろしたばかりの嫌な男性客がタクシーの前を横切ったので、お客さんが乗っているのを忘れて、思わず「バカヤロー」と怒鳴ってしまいました。

女性のお客さんに「えっ、何ですか？」と言われてしまい、「済みません、何でもありません、済みません、済みません」と平謝りしました。

別の日、車内喫煙した男性客が降りた後に、後ろの窓が開いているのを忘れ、怒鳴るのも早過ぎて「バカヤロー」と、やってしまいました。

男性客が「何ですか？」と戻ってきたので、慌てて逃げました。

いつしか、車内喫煙客が降りた後に「バカヤロー」と叫ぶのが普通になっていたようです。

68

タクシーのメーター

タクシーでは、お客さんが乗ると行き先を聞いて、ルートを決めてから、実車メーターを入れて発車するのが規則です。

実際には、お客さんが乗ると目的地を聞いて、発車しながらメーターを入れていました。

ある夜、某駅からお客さんを乗せて目的地に向かって走り出しましたが、メーターを入れ忘れていました。

駅から二百メートルぐらい先の赤信号で止まると、右脇に来た男性が「タクシーセンターですが、どちらへ行かれますか？　はい、お気を付けて」と優しく丁寧に聞かれ、直ぐ気が付いてメーターを入れましたが、後の祭り、メーター不倒違反です。

翌朝会社へ報告すると、タクシーセンターからの呼び出しを待たずに、その朝、即、タクシーセンターへ出頭させられ、明番で辛いですが仕方ありません。

報告書や弁明書の提出をして午後帰宅しました。

後日、タクシーセンターで一日違反者講習を受け、試験を受けて終わりました。

別の日、ワンメーターのお客さんを降ろしてから、メーターを空車に戻し忘れて走り回り、メーターが六千円を超えてからやっと気づいたこともありました。

メーターを切らなければ「空車」表示が出ませんので、幾ら走り廻ってもお客さんも手を挙げてくれませんし無線も入りません。

それにしても、うっかりミスなので、何か救済措置があるのではと期待して、翌朝、納金の際に報告したところ「売り上げにご協力頂きまして誠にありがとうございました」と、料金は自腹になりました。

トラブルで料金を払って貰えなくても運転手の負担になります。

タクシー強盗だとか無賃乗車などで警察が介入すれば、運転手の料金負担はありませんが。乗せた時間と警察での事情聴取の時間などが無駄になります。

ある日、新人ドライバーが品川駅から「鹿児島」へ向かったそうです。

普通はあり得ない、考えられないです。

その運転手さんから会社へ無線で「今、京都です」と連絡があったそうです。

会社が驚いて、GPSで確認すると、さらに、実車（お客を乗せて）で西へ向かっていたので、長距離運転の危険からだと思いますが、無線を通して福岡で強制的に高速道路から降ろし、出口にパトカーを手配しておいたところ、無賃乗車の常習犯だったそうです。

タクシーでは、行く先が五十㎞以上の場合は断っても良いことになっていますが、実際には百㎞だって喜んで行きます。

でも、品川から鹿児島は前代未聞です。

新人ドライバーは断ってはいけないと思ったのか、長距離でしめたと思ったのかは分かりませんが、タクシー運転手には向かない方のようです。

この場合は無賃乗車の犯罪ですし、警察が介入しているので運転手の料金負担は免れますが、帰りは疲れて、フェリーだったそうで、フェリーや帰りの高速料金は運転手の負担になったようです。

69
全盲のお客さん

ある日、「私全盲です」と乗ってきた初老のご婦人、道案内をしてもらって走っていますと、「この先の踏切を左に曲がってね」と案内され、踏切の手前になったら「真っ直ぐね」と言われ、あれ、左に曲がって踏切を渡らなくて良いのかなと思いつつ、踏切を渡らずに、真っ直ぐ行くとその後どうも話がおかしいので、確かめると踏切を渡ってからの角を真っ直ぐということでした。

そこでお客さんが乗った時に「全盲」と言われたことを思い出しました。

全盲とは目が見えないことに直ぐ結びつかなかったのは迂闊でした。

お客さんは踏切を渡ったと思って、その先の交差点を真っ直ぐと言ったようです。

踏切の手前で真っ直ぐと言われ、「おやっ」と思ったときに確認すべきでした。

お客さんによっては、トラブルになっても仕方なかったですが、優しい方で助かりました。

70

憎しみが氷解

タクシー車内で喫煙されるときついです。

タクシー運転手になったころは平気でしたが、徐々に辛くなって、喫煙客には悪いですが、車内喫煙客を憎むようになってしまいました。

吸いながら手を挙げられると、目を逸らして通り過ぎることも度々ありました。

ある時は、吸いながら手を挙げられ目が合ってしまい、止めて、窓を開けて「回送なので、済みません」と断ると、お客さんは空車表示を確認して手を挙げたのでしょうか、怪訝な顔をしながら、車の前に廻って表示を確認しようとしたので、サッと回送表示に切り替えたこともありました。

ある日、子連れのお母さんが車内で喫煙しました。思わず「子供が可哀相だろう！」と叫びそうになりました。

翌日、今度は子連れのお父さんに吸われた時、何故か車内喫煙客に対する憎しみがスーッと霧がはれるように消えました。

とても不思議で、今でも憎しみの消えた原因がよく分かりません。

強いて言えば、自分の子供のいる車内でも吸うのだから、少なくとも運転手に悪気があって吸っているのではないと思ったからでしょうか……。

喫煙者への憎しみは消えましたが、たばこ煙への憎しみには変わりありませんでした。

それから間もなく禁煙車が導入され、たばこ煙の憎しみからも解放されました。

71 新聞投書魔

私は、気が付けば新聞投書魔になっていました。

その殆どがたばこに関する投書です。

二〇一六年八月二十七日、『朝日新聞』「声」欄に掲載された数少ないたばこに関係のない投書が後日、国立富山大学の入試試験に「この意見をあなたはどう思いますか、感想を八百字以内にまとめなさい」と出題されたそうです。

その新聞投書は、「自転車にも運転免許の導入を」と題し、自転車を免許制にして、ルール違反の自転車には、反則金や免停などにすると良いと思うという内容でした。

他に二〇一九年八月二日『週刊金曜日』「たばこから解放された世界」の投書は自分でも気に入っています。

喫煙は、完璧な喫煙所以外禁止して、喫煙者には、無料の禁煙外来の受診を義務付けて禁煙を勧める内容でした。

新聞投書は、紙礫、蟷螂之斧のように歯がゆく思っていましたが、効果があったかもしれないと感じた投書もあります。

二〇一九年一月十三日、『神奈川新聞』「問題の公衆喫煙所改善を」という投書です。

某駅のバス停前の公衆喫煙所は、煙を遮る壁が隙間だらけでバスを待つ間受動喫煙を余儀なくされることを指摘した投書でした。

後日、その投書欄を通して、当局より改善する旨の回答が寄せられました。

それから間もなく、改修工事が行われ、改修された公衆喫煙所は、高さ二・五mぐらい衝立で囲まれ、天井が開放され出入り口には、方向転換のクランクが二回ほどあるパーテーション型公衆喫煙所です。

中に喫煙者が何人かいましたが、喫煙所の周りでも、バス停からも、扉のない出入り口の前に立ってもたばこ臭を感じない満足できる公衆喫煙所になりました。

72 タクシーのお客さん

タクシーには有名人の方も乗ってきます。

思いつくまま、原辰徳監督・野村克也元監督・八千草薫さん・坂口征二さん・長州力さん・後の黒岩祐治神奈川県知事・石原慎太郎元都知事・秋山ちえ子さん・金子勝氏・御厨貴氏などです。

他にも顔は思い出しても名前の分からない方もいますし、気付かなかった方もいたと思います。

原監督は、ジャイアンツの監督に初めて決まったそのシーズン前でしたが、無線で原さん宅へ行きました。

監督が一足先に外へ出てたばこを外で吸っていました。

奥さんと息子さんのいる車内では吸いませんでした。

監督と気が付いたのは走り始めてしばらくしてからでした。三人で楽しそうに会話をしていました。

時々、監督は「運転手さんそうですよね～」などとこちらへ話を振ってくるような気遣いをされる方でした。

こんな気遣いをされるお客さんは、一般の方にもいませんでした。

こんな優しい方が、厳しいプロ野球の世界で、しかも私が贔屓にしている、ジャイアンツの監督が務まるのかと余計な心配をしてしまうような方でした。

ラジオに毎日出ていたこともあり、九十九歳で亡くなった秋山ちえ子さんは、運転手とも気さくに話をして下さる方でした。

お手伝いさんから「先生は絶対電車に乗ってはダメですよ」と言われていたそうです。

「電車にはマナーの悪い人もいますから、先生は見たら黙っていられないで注意する人だから」だそうです。

最近は、身長百六十三cmになってしまったけれど、若いころは百六十七cmあって大正生まれの女性ですから大女と言われていたそうです。

八千草薫さんは、車中でとても丁寧で優しい言葉遣いで、どなたかと電話しているのが印象的でした。

運転手にも電話と同じように丁寧な言葉遣いをされていました。

あのように、驚くほど丁寧で優しい言葉遣いをしていると、八千草さんのように気品のある美しい女性になれるのでしょうか、とにかくかなりのご年配と思われましたが、とても美しく綺麗でお上品な方でした。

二〇一九年十月、八十八歳、すい臓がんでお亡くなりになったそうです。ご冥福をお祈りいたします。

73 パーキンソン病

冬の朝、マンションの玄関前の花壇の縁石に冬なのに半ズボンで腰かけて、デイサービスの車を待っている年配の男性がいました。

「寒くないですか？」「寒いです。パーキンソン病でズボンが穿けないのです」と言っていました。

最近も車いすでコンビニで買い物をする姿や、デイサービスの車を玄関で待っている姿をよく見かけます。

昔、永六輔さんがパーキンソン病とラジオで言っていました。

永さんは、携帯音痴のパソコン音痴で、よくラジオで女性のパートナーの方が携帯やパソコンのいろはを説明していたので、親しみを感じていました。

よく転ぶそうで、ある日、原宿で転んでしまい、誰か「大丈夫ですか？」と声を掛けてくれたら「はい、大丈夫です」と言いながら立ち上がろうと思っていたら、大勢通り過ぎるのに誰も声を掛けてくれない、そのうちに名前は忘れましたが○○さんが「あーら、永さんこんな処で何しているの？」と声を掛けてくれたけど、「何をしているか、見れば分かるのに」とラジオで笑いながら話していました。

私と同じ歳の元プロボクサー、モハメド・アリもパーキンソン病だったそうです。

アトランタオリンピックで震える身体で最終聖火ランナーを務めていたのをテレビで見ました。

それから十年後に七十四歳で亡くなったそうです。

彼は、ローマオリンピックで金メダルを獲得して故郷ケンタッキーへ凱旋し、人種差別で黒人の入れないレストランへ金メダルを首にかけて入ったところ、断られ「金メダルも役に立たないのか」とメダルを川へ投げすてたと聞きましたが、本当でしょうか。

アメリカでは黒人の入れないレストランがあったようです。

人種差別が根強く残っていたようですが、今はどうなのでしょうか。オリンピックで金メダルをとったアリでさえ、当時のアメリカで黒人への人種差別を覆せなかったようです。

悔しかったでしょう。

オリンピックの陸上の百メートルなどは黒人選手が多いですが、水泳で黒人選手を見たことがありません。

黒人は白人と同じプールへ入れないと聞いたこともありましたから、それが原因でしょうか、詳しいことは分かりませんが……。

私が子供の頃の戦後は、日本では韓国人を大人たちが馬鹿にしていました。

私が軽自動車の免許を取って運転を始めたころ、遠い親戚で元陸軍中将の方が「運転は気を付けなさいよ。私は、昔、道路で車の練習をしていたら、誤って人をひき殺してしまったことがあったけど、それが、たまたま、朝鮮人だったから良かったけど」という酷い話を直接聞いたことがありました。

当時の日本の大人たちは本当に韓国の方々を馬鹿にしたり、軽蔑したりして迷惑をかけていたと思います。日本にいた多くの韓国の方々は辛い思いをされたと思います。

本当に申し訳ないと思っています。

また、韓国だけでなく中国の方々へも多大な迷惑をかけたようです。

それは、『中国への旅』という朝日新聞の本多勝一氏の著書にあります。

滅多に行かない長女の中学の父兄授業参観で社会科の先生が生徒に「日本は戦争中中国の人たちへ大変な迷惑をかけたことを忘れないように」とその本から話していました。

先生は、偏った思想の持ち主の方かと思いましたが、後でその本を買って読んでみると、吐き気がするほど酷いことを中国人にしていたことが書かれていました。その本の中で、ある中国の部落に日本兵が来たそうです。

部落には、女子供しかいなくて全員が広場に並ばされました。

その時、多分七～八歳の男の子に、「お母さんが合図したら、あすこの草むらへ逃げろ」と母親が小声で言ったそうです。

その後、合図があったので子供は草むらへ逃げ込み、草むらから見ていると全員が目の前で銃殺されたそうです。

よそのお母さんが布にくるんで抱いていた裸の赤子が転げ出ると、日本兵は泣き叫ぶ赤子を銃剣で突き刺して、その赤子を串刺しにしたままの銃を肩に担いで軍歌を歌いながら隊列を組んで去って行ったそうです。

そのむごい行為を他の日本兵は誰も咎めなかったのでしょうか、戦争中はさほど惨い行為でもなかったのでしょうか。

本多勝一記者は、戦後、中国へ何度も行って中国人から直に日本兵から受けた被害を聞いて本にしたそうです。月並みですが、戦争はいけないことです。

また、間接的に子供の頃聞いた話では、「赤ん坊って、腹の意外なところに入っているんだなあ」と近所で武勇伝のように話していた大人がいたそうです。

戦争中現地で妊婦さんのお腹を面白半分に切り開いたようです。

戦争になると、人が残虐に変わってしまうようです。

また、『中国への旅』では、現地人や日本兵の前で裸になれと言ったのを拒んだ現地の女性を野犬が放し飼いにされている柵の中へ放り込んだそうです。

沢山の野犬が女性に飛び掛かり、骨をかみ砕く音がバリバリと聞こえたとのことです。

私と父親が違う異父兄弟の兄は、戦争中、多分、中国の畑で農作業していた農民に食料を分けて欲しいと言ったが断られ、部下が手を上げるのを制して引き揚げ、夜中に部下を連れて畑に行き、芋か何かを掘り起こして畑の脇に相応のお金を風で飛ばないように石をのせて置いてきたという話を直に聞いたこともありました。

その兄は、大正八年生まれで百歳を超えて今も元気です。

モハメド・アリは、ベトナム戦争の際に、自分にベトナム人を殺す理由はないと、徴兵を拒否して、ベルトをはく奪されたこともあったそうです。

アントニオ猪木とプロレス対ボクシングの格闘技で引き分けた一戦も興奮しながらテレビで見ました。

猪木といえども、ボクシング世界へビー級チャンピオンのパンチを警戒して、アリの下肢へキックをしたあとは寝転んだままファイティングポーズを取っていました。

蝶のように舞うアリも、猪木のキックには、手でなく足を焼いたようでした。

試合後アリは足を痛めて一時入院したとも聞きました。

ヒトラーもパーキンソン病だったそうです。

震える姿は、映像に残させなかったと聞いたことがありました。

74 川崎市平和館

自宅から自転車で行ける近くの公園にある平和館が川崎市の資料館になっています。

その一角に横田めぐみさんの資料の展示された部屋もあります。

入館無料なこともあり、今までも何回か見学しています。先日、めぐみさんのお父さんの横田滋さんが亡くなって間もなくの頃、久しぶりに入ってみましたが、新しい資料は特になかったです。

北朝鮮にいる、めぐみさんは、お父さんが亡くなったことを知っているのでしょうか？

その時の来館者は私一人のようで、職員の方も少なく閑散としていました。

ここを見学していつも思います。昭和二十年七月二十六日に連合軍の出したポツダム宣言を受け入れて、八月十五日に日本は無条件降伏しました。詳しいことは知りませんが、そのひと月前には沖縄戦で日本側に二十万人の死者を出していたようです。

敗戦は、既に上級幹部は分かっていたのでしょうから、直ぐポツダム宣言を受け入れて降伏していれば、広島と長崎の原爆投下がなかったのではとつくづく残念に思います。

終戦の日は、私が三歳の頃の暑い日でしたが、多分、玉音放送などがあったのでしょうか、周りの大人たちが何かざわついていたのを子供ながらに覚えています。

戦争中、まだ国民は誰も敗戦など思ってもいなかった頃、前述の遠い親戚の陸軍中将の方が義妹さん宅へ寄った際、義妹さんが「日本は大丈夫かね?」と聞いたところ「勝てっこないよ」と笑っていたと、義妹さんから生前に聞いたことがありました。

陸軍中将の方は、親戚だから気を許して言ったのだと思います。

75
自転車を撥ねる

ある日、女性の親子連れを乗せて走行中に、某大学の裏門から自転車が飛び出しました。気がついたときには、タクシーの前を横切る自転車を撥ねていました。

後でドラレコを見ると私のタクシーが自転車の青年を横から掬い上げるように撥ねました。

青年だけがボンネットの上を滑ってきて腰からフロントガラスに衝突し、その弾みで、ボンネットを滑り降りて転ばないで着地しました。

フロントガラスはへこんでめちゃめちゃにヒビが入りました。

青年はそこの大学生でしたが、校内のかなり急な下り坂を自転車で下ってきたまま道路に飛び出したようです。

まさに自殺行為以外の何ものでもありません。

大学生は、幸い奇跡的に怪我もせず病院にも行かないで、私も助かりました。

運転中にいつ子供が飛び出しても運転手は衝突を避けなければならないと承知はしていましたが、その時の自転車の大学生は避け切れませんでした。

命にかかわるような重大事故になっても不思議でない事故でした。

驚くことに、その大学生は、飛び出したことに全く反省の様子がありません。

急ブレーキで後ろの親子にも怪我をさせずに済んだのは不幸中の幸いでした。

警察の実況見分が済んだ後、大学の二人の警備員さんに、門の中へタクシーを実況見分中に置かせて貰ったお礼を言うと、二人の警備員さんは、事故を目撃していたのか、寄ってきて小声で「タクシーさんには本当にお気の毒な事故でしたねぇ〜」と仰って、もう一人の警備員さんも気の毒そうな顔をして深く頷いていました。

76 金田正一投手

私は、野球に詳しくはないですが、少年のころ国鉄スワローズの金田投手のファンで、一番の思い出は、長嶋選手のプロ野球デビュー試合の四三振です。

この試合を当時まだ天井のない後楽園球場の一塁側スタンドで一つ年下の甥と観戦しました。観戦していた時は、プロ野球史に残るような大試合になったとは分かりませんでしたが、試合終了後、ジャイアンツファンのどこかのおじさんが、「長嶋はとうとうバットにボールが一度も触らなかったなあ〜」と嘆いていました。

随分後で、当時を振り返って金田投手は、その年のオープン戦で当時のセ・リーグを代表する、確か、小山投手だったと思いますが、パ・リーグの誰かにホームランを打たれた時、アナウンサーが「○○が小山投手からホームランを打ったということは、もう、金田投手からもホームランを打ったことになりますね」というラジオ放送を聞いて、闘争心に火が付いたとラジオで話していました。

金田投手はとても気性の激しい方でしたから敵も多かったし、輝かしい成績の割には世間の評価も厳しかった気がします。

私は、歴代のプロ野球選手の中で金田選手の右にでる者はいないと思っています。

何か気にいらなくて、自分からスタスタとマウンドを降りてしまったり、ゲッツーが取れなかったと、三塁手にグラブを試合中に投げつけたりすることもありました。

敬遠が嫌いで滅多にやらないのですが、多分、監督の指示で仕方なく王選手を敬遠した時、敬遠が多くて業を煮やしていた王選手が、金田投手まで俺を敬遠するのかと思ったかどうか知りませんが、何球目かの高い敬遠のボールにジャンプするようにしてバットを振ったことに金田投手は腹を立て、その後、キャッチャーの根来捕手を座らせ、王選手を三振に打ち取る痛快劇もありました。

バッティングも得意で、ピッチャーの割にはよくホームランも打ちました。

当時、南海の鶴岡監督が金田選手をトレードに来た時、金田投手は鶴岡監督に「自分が九回を零点に抑えて、四打席のうち一本ホームランを打てば勝てると思っていると得意になって話したところ、鶴岡監督は、トレードを諦めたようだった」とラジオで話していました。

金田投手は、「鶴岡監督が、多分、そういう傲慢さに呆れ、チームワークが乱れると思ったのではないか」とも回想していました。

また、「中三日でマウンドに立って、勝利の計算出来る投手は俺だけだ」と胸を張っていたこともありました。

最多勝四百勝も凄いですけど、当時、万年最下位の国鉄スワローズで、確か十四年連続二十勝はもっと凄いと思います。

そして、連続二十勝していた十五年目にあこがれのジャイアンツへ移籍しました。

移籍した年は、確か十七勝ぐらいで連続二十勝の記録は途絶えたと思います。

今考えると、年間二十勝は凄いですね。二〇一九年十月、八十五歳で亡くなりました。ご冥福をお祈りいたします。

私が中学生の頃、運動能力の優れた生徒は、皆、野球部に入ったと言っても過言ではない時代でした。

今は、他のスポーツも盛んになって、そんなことはありませんが、当時、もし、野球が無かったら、もっと、オリンピックでメダルの取れる選手が沢山出たはずと、何かで聞いたこともありました。

77　送電線の鉄塔に男が登る

大分前の話ですが、夜、男が悪ふざけか酔った勢いで山手線の何処かの送電線の鉄塔に登ったことがありました。危険防止のため、山手線の送電を止めたので山手線が内回り外回りともに一時止まりました。

私はたまたま井の頭通りを渋谷駅の方へ空車で向かっていると、駅の方から大勢歩いてくる人達が皆、前を行く空車タクシーに手を挙げていました。

私もそのうちの一人を乗せ、お客さんから事情を聞いて事故を知りました。

そのお客さんを降ろしてから渋谷駅へ戻り、川口行きの長距離女性客を乗せました。

その帰りに渋谷駅を通ると見たこともないほどのタクシー待ちの長い行列ができていましたが、帰庫時間なので残念ながら会社へ戻りました。

JRは、鉄塔の男を降ろして、終電が過ぎた時刻に、山手線を内回り外回りとも一、二周させたようですが、その時刻は、既に主要駅の私鉄は終電時間を過ぎていましたので、山手線のターミナル駅は渋谷駅に限らずタクシー待ちで長蛇の列ができたようでした。

乗務員仲間と「明番に交替で鉄塔に登ろうか」などと冗談を言い合いました。

電車の事故により電車が止まって、タクシーを利用しても、後日、領収書を駅に持っていくとタクシー代を払ってくれると聞きました。

その莫大な料金は、鉄塔へ登った男へ請求されたのでしょうか……。踏切事故などを起こして、電車を止めると多額の請求が来ると聞いたこともありました。

知り合いの男性は、酔って駅のホームから落ちましたが、幸い、直ぐ這い上がって電車も止めずに済んだのでしょうか、八千円の請求で済んだと聞いたこともありました。

78 前の東京オリンピックの思い出

当時私は二十二歳でした。

一番印象に残っているのは、女子バレーボールの大松監督率いる日紡貝塚を中心とする「東洋の魔女」チームでした。

ソビエトとの決勝戦を三対ゼロで制した試合を手に汗握ってテレビ観戦しました。

大松監督の猛練習は有名で、社会人チームですから、夕方仕事が終わってからの練習で夜の明けることもあったそうです。

今は、普通にやっている回転レシーブも日紡貝塚で開発されたように聞きました。

柔道無差別の決勝では、神永選手がヘーシンクに抑え込みで敗れた時も悔しかったですね。

勝負が決まった直後に、多分、オランダの青年が一人マットの上に両手を挙げて飛び込んでくると、ヘーシングが厳しく青年に手を上げてマットに上がるのを制していましたから、その冷静な態度には憎しみさえ覚えました。

神永選手は、まだ、起き上がってもいなかったと思います。

ヘーシング選手は後にプロレスラーになり、怪力ぶりを発揮していました。

男子マラソンのアベベは、ローマ大会を裸足で金メダルゴールした後、「もう一度走れる」と言い、東京大会では、靴を履いて金メダルゴールした後、「もう半分走れる」と言いました。

次のメキシコ大会では、エチオピアの新人と出場して、新人が金メダルに輝いたそうですが、アベベは、途中失権してしまいました。

マスコミは、その金メダルを獲得した新人の選手に「アベベはどうした、アベベはどうした」とアベベのことばかり質問攻めにあったと聞きました。

アベベ選手は、その後、何かの事故か病気で車椅子姿になって来日したことがありましたが、お気の毒でした。

そして、金メダルを紛失したとも聞きましたが、どうしたでしょうか。

マラソンの円谷選手が、最後、競技場で抜かれて銅メダルになったときも悔しかったです。

お父さんから「男は後ろを振り向くな」と言われていたと聞きましたが、それが原因で抜かれたのではないでしょうが……。

その二年後ぐらいに、「円谷選手と一緒に走ろう」のスローガンで始まった第一回青梅マラソンに招待された円谷選手は二位だったそうです。

私も何回目かの青梅マラソンに四十代のころ一度だけ参加しました。

確か、三十キロのマラソンだったと思いましたが、スタートして競技場から出ると、「帰ってこいよ〜帰ってこいよ〜」のワンフレーズが繰り返し大音響で流れていましたが、市民マラソンのスタートには、ピッタリのフレーズでした。

ずーっと都はるみさんの曲と思っていましたが、歌手は松村和子さんのようでした……。

沿道には近所の方が大勢、バナナや飴、チョコレート等をお盆に載せて、ランナーに「頑張って〜、ど〜ぞ〜、ど〜ぞ〜」と差し出してくださいました。喜んで次々と頂きました。あれほどいろいろ食べながら走ったのは青梅マラソンだけでした。

円谷選手は、東京大会後、思うように走れずに、次のメキシコオリンピックの直前に自害され、大変お気の毒でした。

人柄の表れた、とても丁寧な言葉遣いの沢山の遺書を覚えています。

「○○様、先日は××をありがとうございました。大変おいしゅうございました」と何人もの方に「おいしゅうございました」を繰り返した沢山の遺書が記憶に残っています。

当時不確かな記憶ですが、長距離の練習に準備運動をしないで、いきなり走るのが流行ったと聞きましたが、今は聞かないですね。

東京大会で女子八十メートルハードルの決勝に残り、五位入賞を果たした依田郁子選手は、結婚されて子供もできた後、健康を害され自害されたそうです。

決勝のスタート前に、手に唾を吐く映像を記録映画で見ました。

手に唾を吐いてそれを体中に塗るのが彼女のスタート前の儀式だったそうです。

記録映画では手に唾を吐いたところだけでしたが、女性とは思えない迫力でした。

鉄棒の遠藤選手、ボクシングバンタム級の桜井選手、重量挙げの三宅義信選手の金メダリストの活躍もよく覚えています。

79 マラソンの君原健二選手

マラソンの君原健二選手は、東京オリンピックでは八位、今なら入賞ですが、当時は六位までが入賞でした。

次のメキシコオリンピックでは、二位の銀メダルに輝きました。

レースの途中でトイレに行きたくなったそうで、トイレは大の方で苦しかったそうですが、観衆から、現地語で「二番」と聞こえたので、「お〜二番か」と思ったら元気が出て、そのままゴールまで頑張れたと、大分経ってからラジオで聞きました。

ゴール後にトイレへ直行したかどうかは存じません……。

トイレのことは、銀メダルで忘れてしまったかもしれません……。

沿道で二番と教えてくれた方は君原選手にとって恩人ですね。

わりと最近も東京市民マラソンで元気に走る君原選手をテレビで見ました。

また、七十五歳でボストンマラソンにも五十年目に招待された時の記録は四時間五十四分だったそうです。

私も五十二歳と五十三歳の時に河口湖フルマラソンを二回だけ走ったことがありますが、一回目は、制限時間五時間を大分超えた五時間二十五分前後でした。

レース後、風呂券が配られ、銭湯に入って汗を流した後、近くのレストランでビールを飲んで、ワカサギ定食を食べてゆっくりレストランから出ると、まだ何人かのランナーがゴール目指して走っていたのには驚きました。

二回目の時は、やっと五時間を僅か五分切ってゴールしました。

市民マラソンはどこでも参加者が多くて、確か一万二千人くらいでした。スタートは自己申告で記録の順に並びますが、私などかなり後ろの方ですから、スタート時間を大分過ぎてからやっと動き出し、それから少しずつ歩き出してからやっとのろのろ走り出し、スタートラインを越すのに、六〜七分掛かりました。

割とスタートした競技場近くの沿道の見物人から、「どうして、スタートしたばかりなのに、こんなに差が付いてしまうのか？」という声が聞こえました。

沿道で見ている人はそう思うでしょうね、多分、先頭はもう四キロか五キロメートル先でしょうし、私の後ろにもまだ大勢いるのですから……。

「スタートラインを越すのに六～七分もかかっているのですよ」と沿道の方に説明したかったです。

その後、事情があってジョギングを二～三カ月休んでから再開したら、膝が痛くて走れなくなってしまいました。

以前から、年で走れなくなったら水泳を始めたいと思っていましたので近くの水泳教室へ通い始めました。それまで、平泳ぎしかできませんでしたがクロール、背泳、バタフライと曲がりなりにも一年後に二十五m泳げるようになった時は、確か五十六歳ぐらいでしたが、とても嬉しかった覚えがあります。

水泳教室に通いましたが、やはりジョギングもしたいというか、ジョギングができないのが寂しかった覚えがあります。

その頃、ロスアンゼルスオリンピックで体操の個人総合で金メダルを獲得した具志堅選手は、オリンピック前に肩を痛めて川崎労災病院のスポーツ整形で治療をして完治し金メダルがとれたとテレビで見ました。

労災病院は近所なので行ってみました。身の程知らずも良いところですが……。

そして、スポーツ整形からリハビリに回され、靴のインソール加工をして頂き、そのインソール加工されたシューズで半信半疑ジョグしてみたら、不思議なことに膝が痛くなく走れて嬉しかった覚えがあります。

それから、シューズを新しく変える度にインソール加工して、今でも、よちよちジョグですが続けていますが、今はもうインソール加工はしていません。

今では、インソール加工は常識でバトミントンの選手なども皆やっているとバトミントンの得意な鍼灸医の先生から聞きました。

そして、その選手の動きに合ったインソール加工までするのだそうです。

今、マラソンでは厚底シューズが話題になっていますが、中、高校で陸上をやっていた三流の短距離選手の孫娘は、多分、友達の厚底シューズを引退間際に借りて走ってみたら「驚くほど走りやすかった」と言っていました。

私も厚底シューズを買ってよちよちジョグを続けようかと思っているところです。

やはり身の程知らずは直らないようです。

80 再び、いろいろのお客さん

腰が痛そうに乗って来た年配の女性がいました。「主婦の自転車が私の上を乗っていったの」と言っていました。

「自転車の主婦は一目散に逃げ、後ろの荷台に乗っていた子供がずっと後ろを振り返っていた、若い人が二人追いかけてくれたが『ダメだった』と戻ってきた」そうです。

しばらく入院もしていたとのことです。

ぶつかったのは仕方ないですが逃げちゃダメです。

荷台から振り返っていた子供は、親が逃げたことをずっと忘れないでしょう。

やはり何処か痛そうにやっと乗ってきた男性。

「床屋さんが肩などをマッサージしてくれて、腰は、腰痛もちだからと断ったのにマッサージされて、酷くなってしまった」そうで、こんな災難もあるのですね。

鼻をズルズルしている若い男性客に持っていた新しいポケットティッシュをあげました。

何と、鼻をかんだ紙を料金受け皿に置いて行きました。

私が行きつけのカレー屋の年配ママさん、お客さんが店に備え付けの紙で鼻をかんで、食べ終わったお皿に沢山置いたので「その紙は、自分で持って帰ってください」と言ったそうです。

ママ凄い！

ご飯をのせるお皿や料金受け皿に鼻をかんだ紙をのせるのは非常識です。

料金受け皿へお金を置かないで放る客もいますが、感じ悪いです。

後部の右窓を開けたまま降りる客がいます。

右後ろの窓は開いていても運転手は気が付きにくいので冷暖中や、特に雨の日など雨が吹き込んでとても迷惑です。

目的地に着いても、降りずに運転手に話し続ける酔い客も困りました。

支払いが済んでもまだ降りずに携帯で話し続けている客もいましたが「タクシーは電話ボックスではないよ」と言ってやりたかったです。

乗ってきたのはいいが、話に夢中で行く先も言わない二人連れもいました。

まだ、タクシーが全面禁煙でないころ、個人の禁煙タクシーの運転手さんに「禁煙車で良いですね」と言うと「目的地を告げる前にたばこに火を付ける奴がいたので、腹が立って禁煙車にした」と言っていました。

子供が車内のものをいたずらしても注意しない親もいます。

降りる時、白いシーツの上を土足で乗って降りる子供とそれを注意しない親もいました。

キャリーバッグを座席に置いて、降りる際、自分が降りてからそのキャリーバッグを引っ張って降ろし、白いシーツにキャリーバッグの車輪で二本の黒い線を付けておいて「汚れましたね」と降りていった客もいました。

無線を取って行くと、定員オーバーの五人で強引に乗ってこられたこともありましたが、気の弱い私は断り切れませんでした。

仲間は、そういう時、「乗せないで無線室へ事情を話して帰ってしまう」と聞きました。

私もそうすべきでした。

手を挙げて三〜四人で乗って来て、「普通、○○まで九千円くらいで行くけど、六千円で行ってよ」などと言う客もいました。

断ると「えっ」と驚いていました。

断る運転手は珍しいのでしょうか。

差額をポケットマネーで負担するのも馬鹿らしいし、途中でメーターを切って運悪く事故でも起こしてお客さんに怪我でもさせたら、会社はメーターの不正使用を理由に責任を取らないかもしれません。

法的に会社がそう言えないような気もしますが、分かりません。

お客さんに大怪我でもさせたら、自分では補償もできませんし……。

手を挙げて乗ってきたお客さんが雑談の中で「自分は、運送会社で運転手を採用する係もしているけど、無事故の運転手は採用しないようにしている。その結果、重大事故が減った」と意外なことを話してくれました。

　事故歴のない運転手は重大事故を起こす割合が高いそうです。

　また、人身事故もありました。某駅へ走行中に、左路地の手前で、お客さんが急に大声で「左、左」と叫んだので、慌てて急ブレーキをかけながら左路地へ入ろうとしたところ、左後ろにいたバイクを巻き込み転倒させてしまいました。

　そのお客さんが、千円札を出したので「払ってくれますか?」と言ったら「払わなくても良いよね」と直ぐ千円札を引っ込め「俺は、何も悪くないからね」と立ち去りました。

　確かに、○○までと運送契約をしたのですから……事故の原因は、路地の直前で急に大声で、「左、左」と叫んだことにもあるのに……まだ、バイクの方は起き上がってもいませんから、重傷かもしれないのに……薄情なものです。こちらとしては、料金などより怪我の方が心配でした。

　幸い軽傷でしたが、いくらお客さんが急に曲がるように大声を出したからと言っても、自分の不注意以外のなにものでもない事故と反省しました。

　某駅のタクシープールで朝の三時ごろに客待ちしていると、とても寒そうに震えている青年が乗ってきました。

　ろれつの廻らないしゃべり方で、○○と言われ、○○へ着くとポケットに手を入れたり出したり、また、別のポケットへ手を入れたり出したり「どうしました?」、「僕、一人で乗りました？　友達と一緒じゃなかったですか？」と記憶が飛んでいるようです。

「一人で○○から乗りましたよ」

「そうですか、とにかく財布がないから、僕のアパートまで行ってください」と言われて、近くのアパートへ行くと、誰もいなくて、お金もなく、仕方がないので電話番号を教えて引き揚げました。

後日、電話が掛かってきて話を聞くと、先日のしゃべり方とは別人のようにはきはきと、その日、行き摺りの若者から貰った錠剤を口にしてから記憶がなくなり、財布もなくなっていたそうです。

噂に聞く「こん睡強盗」にやられたようで怖いですね、まじめな青年で直ぐ料金も振り込んできました。

コンビニの前から、お湯を入れたカップヌードルを持って乗ってきた青年、車内でフーフーしながら食べていました。

空のカップや箸も残さず持って降りましたが、匂いだけ残していきました。

その匂いの凄いこと、害はないですが、降りた後、直ぐ窓を全開にして走りました。

次に若い男女が乗って来たので、「済みません、臭うでしょう」と言ったら「臭う」と言われ、訳を話して謝りました。

有害でなくてもカップヌードルは、タクシー内はダメです。

　ある日、無線でお客さんの処へ行くと、年配の女性のお客さんが、少し迷惑なぐらい、庭で採れたという沢山の夏みかんをビニール袋に入れて下さいました。

　営業所でそれを見た仲間が、「おふくろはこれでマーマレードを作る」と言うので沢山あげて、残りの二つぐらいを家で食べてみたら、これがすっぱいけれど甘みもあって、これぞ夏ミカンというほど、懐かしい味で凄く美味しかったです。

　沢山友達にあげたのが惜しくなったほどでした。

　でも、後日、大きな瓶に入ったマーマレードを貰いましたが、これがまた、とても美味しかったです。

　中年の女性客から聞いた話ですが、銀座の歩道で中国人の女性が用足しをしていたので驚いたり、呆れたり娘と大笑いしながら逃げたそうですが、どうして中国人の女性と分かったのでしょうか、また、スカートか何かで大事な部分は隠していたのでしょうか、肝心なことを聞き損なってしまいました。

　昔、高校の国語の先生が雑談の中で、中国へ出兵した時、現地の人は、よく道端で大の方も用足しをしていて、通りがかった知り合いが立ち話して行くこともあったと話していました。

　また、以前、中国にディズニーランドのような施設ができた時、親が子供をトイレに連れて行かずに、その辺で用足しをさせてしまうので、施設は困ったそうです。

　中国は、用足しに関してはおおらかな国のようです。

81

ラジオで聞いた話

タクシーでは、空車中よくラジオを聞いていました。

その中で、確か、島田紳助さんが、女子マラソンの選手に、「女子マラソンではレース中に水を取れなかった選手に自分の水を渡している光景は微笑ましくて、いいですね」と言うと、その女子選手「う〜ん、競っている相手に、『私はまだこんなに余裕があるのよ』という意味もあるのですよ」と笑いながら言うと、紳助さん「女子マラソンって嫌なスポーツですね〜」と笑わせていました。

山下泰裕さんは、ロス五輪柔道無差別で、足を怪我しながらエジプトの選手との決勝戦を制して金メダルを取りましたが、エジプトの選手は、山下選手の怪我をしている方の足を狙ってこなかったという美談が報道されていました。

大分経ってから山下選手はラジオで「エジプトの選手は怪我している方の足を狙ってきたけど、狙われないように防いでいました」と話していました。

水泳でフジヤマのトビウオと言われた、古橋廣之進さんは、数々の世界記録を出しましたが、現役時代「魚になるまで泳ぐ」と言っていたそうです。

私が生まれる数年前の一九三六年のベルリンオリンピック、二〇〇メートル平泳ぎで金メダルの前畑秀子選手は、当時、船でヨーロッパへ行ったようです。

もし、金メダルが取れなかったら、帰りの船でこの広い海原に身を投げようと思ったと回想していました。

でも、日に二万メートル泳いでいたという前畑さん、海に身を投げても簡単には溺れないでしょうけど……。

泳いで帰国してしまうかも……それはないでしょうけど……。

二万メートルといえば、山中毅という水泳選手は、ある日の練習でコーチに一〇〇メートルを確か一分四秒以内で二万メートル泳がされ、一分四秒以上掛かったら、初めからやり直すと言われ、一万二千メートルぐらいのところで制限をオーバーしてしまい、コーチに「はい休憩」と言われてしばらくプールの中で休んでいたら「では、始めます。と言われたときは、プールから上がっていってコーチをぶん殴ってやろうと思った」と話していました。

もちろんそんなことはしなかったでしょうが、その後、一分四秒の制限で二万メートル泳げたでしょうか、分かりません。

山中選手は、確か、ラジオで聞いたと思いましたが、メルボルンオリンピックの水泳四百メートルでは金メダルを周りも自分もかなり期待していましたが、レースの一週間前にもの凄く調子が良くなって、いや〜な感じがしたそうです。

案の定、確かマレーローズ選手に続いて二位の銀メダルでした。

マラソンの瀬古利彦選手も「年に一度ぐらいもの凄く調子の良い日があるけど、その日がオリンピックならきっと勝てると思う」と話していたこともありました。

一九八四年ロスアンゼルスオリンピックでは、直前に風邪をひいたけれどドーピング検査があるので、風邪薬が飲めなくて走れる状態ではなかったそうでしたが、それでも十四位でした。同じロスアンゼルスオリンピックでは、女子マラソンの増田明美選手は途中失権してしまいました。

以前、体重を減らした時にいい記録が出たこともあって、減量に拘っていたようで、それが災いしたのかもしれません。

「意地が悪かったですよ、合宿でライバルに親切そうにご飯をよそってあげて、下の方はぎゅっぎゅっと押さえ、上の方だけふんわりよそったりしていました」と話すのをラジオで聞いたこともありました。

ロスアンゼルスから帰った成田空港で謝る必要などないのに「ごめんなさい」と報道陣に頭を下げていた時は、可哀相でした。

空港にいた一般の人からも心無い罵声を浴びたそうです。

よく、何かの競技で負けた人のことを非難する人がいますが、「それなら、お前が出ろよ」と言いたいです。

いま、彼女の選手を励ますようなマラソンの解説は温かみがあって好きです。

また、某新聞の人生相談でも立派な回答をされています。

一九九二年のバルセロナ五輪二〇〇メートル平泳ぎに十四歳で金メダルに輝いた岩崎恭子選手は「今までで、一番幸せな日」とインタビューで答えていました。

和田アキ子さんは、「この年の私だって金メダル取ったら、一番幸せな日になるよ」とラジオで言っていましたが確かにそうでしょう。

彼女は、バルセロナへ行ってから自己記録を七秒ぐらい縮めたとも何かで聞いた記憶がありますが、確かではありません。

スポーツ以外でも、N協オーケストラのメンバーの方が、「ある外国の客員指揮者が、演奏会でベートーベンの五番と六番を間違えてタクトを振り始めたことがあった」と話していました。

また、同じN響の方が、ある時は、別の外国の客員指揮者が、演奏会でタクトを挙げたまま、なかなか振り始めないので、コンサートマスターがバイオリンを弾き始めると、他の楽団員も演奏を始め指揮者もタクトを振り始めたそうです。

後で、指揮者は「曲名を忘れてしまって、指揮台に立てば思い出すだろうと思ってタクトを挙げたが思い出せず、皆が演奏を始めてくれたので助かったよ」と、信じられないような話も聞きました。

作家の林望さんは、気管支が弱く風邪をひくと回復に三カ月ぐらい掛かるので、普段から非常に気を付けているそうです。

「近くの人が咳などすると睨みつけます」「相手の方はどうします？」とアナウンサー「相手は気が付きませんが……」と話していました。

エレベーターでは、息を止めているそうです。

高層ビルのエレベーターでは、途中下車して呼吸を整えてから乗り継ぐとか。

林望先生の名前を禁煙啓発ポスターで知っていました。

女子プロレスラーで一世を風靡した、ビューティーペアの方が、公衆トイレで、おばあさんに「男がこっちへ入ってはダメでしょう」と怒られたそうです。

大柄でパンツ姿で髪が短かったのでしょうか、可哀相に。

普通の女性ですが初めて入ったカレー店のカレーが、生憎好みでないカレーだったので、その女性はルーだけ我慢して先に食べた後、さっぱり福神漬けでライスを食べようとルーを食べ終わった時、お店のおばさんが「あーら、美味しかったのね、嬉しいわ、サービスよ」と、ライスにルーをカウンター越しにたっぷりかけられたとのこと。

山の中へ逃げ込んだ犯罪者は、たばこが切れて、捕まる危険を冒してたばこを買うために山を下りてきたことがあったそうですが、如何にたばこの依存性は強いかということですね。

昔、加山雄三さんの家に泥棒が入ったそうです。

泥棒がトイレに逃げ込んだので、家の男連中が、トイレの前に集まって目配せして、ドアをサッと開けて、中にいた泥棒を皆が夢中でボコボコ殴ったら、顔がみるみるうちにぷーっと膨れ上がった。

ドアを開けた時、おばあちゃんが大声で叫んだセリフが「無駄玉打つな！」だったと、加山さんも聞いていた皆も大笑いしたのですが、この話には裏があって、ラジオ局が加山さんに面白い話をさせるために仕組んで、周りの皆はいつもより静かに聞いていたそうです。

加山さんは、「いつも話を落ち着いて聞いていない連中が、静かに聞いていたのでおかしいなと思ったけど……」と後で思ったそうです。

82　釣り銭　2

仲間から聞いた話ですが、ある無線客で年配の女性は、タクシーに乗るときは必ず小銭を用意して乗るそうです。

その理由が、雲助の触った釣り銭など不潔だからとのこと。

だったら、雲助の運転するタクシーなど乗らずに電車かバスに乗るか、お抱え運転手付きの自家用車にすればいいのに。

その女性に「お釣りは、無理に受け取らなくてもいいのだよ……」と教えてやりてぇ〜。

一六八〇円の料金に二千円出されたら三二〇円のお釣り、二一八〇円出されたら五〇〇円のお釣りとここまでは分かるのですが、ある時、二二三〇円出されて考えました。

正解は五五〇円のお釣りになりますが、とっさに分かりにくいです。

お客さんは、五五〇円のお釣りを受け取る必要があるのでしょうか、運転手を困らせるためか、暗算が得意な方なのか、とっさに分からないのは自分だけなのか分かりませんが……。

いつだったか、紙不足で世の中にティッシュペーパーが品薄になったことがありました。

ティッシュペーパーがなくて困っているという初老のおばさんに、余分に持っていた新しい箱をあげたら、降りるときに七一〇円の料金に千円出して「ティッシュペーパー代も取って下さい」としつこく言う不愉快なおばさんがいました。

ティッシュペーパーは、五個か十個ぐらいまとめて売っていますし、自分は買ったことがないので一箱の値段など分かりませんからティッシュペーパー代は受け取らずに、お釣りを渡しました。

「あげます」と言ったのだから「ありがとう」と素直に喜んで受け取ってくれるか、それがどうしても嫌なら千円おいて行け、バーロー。

83
不思議な落とし物

ある日、いつも利用している公園のトイレから出ると、広い公園の真ん中に運転免許証と名刺入れと携帯電話の三点が落ちていました。

落ちているというより、公園の真ん中に三つ並べて置いてあるという感じでした。中を見ると、明らかにタクシー運転手の物です。

拾った携帯でご自宅へ電話をすると奥さんが出たので事情を話し、ご自宅は、遠方だったので「三点は、公園脇の交番へ届けておきます」と伝えました。

奥さんは、お礼を言われた後「主人は最近ちょっと悩み事がありまして……」と言っていました。

そして「心配なので、出勤したかどうか、会社へ電話してみます」とも言っていました。

ご主人はどういうつもりだったのでしょうか、その後、落とし物を交番へ取りに来たのでしょうか。

後で考えると、私は、三点が落ちているところを通ってトイレに入ったのです。

行く時に、三点がありませんでした。

トイレの所要時間は、一分前後でしょうから、その間にタクシー運転手さんはその場所へ3点を置いたか落としたのでしょうから、私が拾った時には、ごく近くにいたと思われますし、拾うのを陰で見ていたかもしれませんが、その時は近くにいるはずと気が付きませんでした。

ご無事をお祈りします。

84 車窓より

歩道で子供を乗せた自転車を押しながら犬を連れている主婦が、犬が歩きながら糞をぼとぼとしているのに知らん顔してどんどん歩いていきました。

散歩をしているとよく犬の糞が道端に落ちています。

そこで、次のような貼り紙を道端にしようかと思っているお馬鹿さんです。

「飼い主をお散歩させていらっしゃるお犬様、お忙しいところ、恐縮ですが、糞をお持ち帰りするよう、飼い主への躾もよろしくお願いします」

コンビニの前に自転車を止めた際に、隣の自転車を倒したのを知りながら店内へ入って行く男性もいました。

また、自転車の後ろへ子供を乗せて歩道を自転車を押しながら歩いている主婦が、自分のマスクをはずし、そのマスクが汚れていたのでしょうか、ためらう様子もなく歩道の真ん中へ捨てて行きましたが、こちらも酷い主婦です。

コロナ騒動の時期ではありませんん、コロナ騒動の時期なら良いという訳ではありませんが、コロナ騒動の今はマスクが歩道に捨てられているのをよく見ます。

ポイ捨てと言えば、たばこですが散歩中にポイ捨てを随分多く見かけます。

コロナ騒動の時期で散歩者も増えたのでしょうか。

私は、笑点に出てくる、ウクレレ漫談のピロキさんが好きです。

大分前の笑点のウクレレ漫談で「先日、健康診断を受けました。糖分控えめ、塩分控えめ、脂分控えめなど健康診断で注意されたことは全部守っていますが、一番辛いのは、たばこ一日に十本までと言われたことです〜。

私それまでたばこ一本も吸ったことないのです〜」と笑わせていました。

ところが、ある日、ピロキさんがテレビのコスチュームで某商店街を歩きたばこしていました、喫煙者だったのですね。

窓を開けて「ピロキさん、一日十本までですよ」と言ったら、どんな反応をしたでしょう……残念。

看板に「誰でも週に一度ステーキを食べられる店」と書いてあるレストランがあります。「ステーキの安い店ですよ」と言いたいのでしょうが、何かお客さんを貧乏人扱いしているようで好きになれないフレーズです。

しばらくすると、そのお店がなくなりました。

やはり、流行らなかったのだな〜と思っていたら、大分、離れたところへ同じ看板を掲げたお店がありました。

お店が引っ越しただけだったようです。

ステーキ屋のオーナーさん、このセンスの悪いフレーズがお気に入りのようです。

コンビニのトイレに備え付けの紙以外流さないでくださいと書いてありました。「紙以外流してはダメですか？」と店員さんに聞いてみたかった……馬鹿！

大通りにさもない総菜屋さんが「まあまあや」という屋号です。

ユーモアのあるご主人の顔が見たかったのですが、それはかないませんでした。

そのお店の前を女性客を乗せて通ったとき、「あのお総菜屋さんで何か買ったことありますか？」と聞きました。

「ありますよ」

「味はどうでした？」ちょっと間をおいて「まあまあね」と言ったので二人で大笑いしました。

最近、バイクの駐輪場に止まっている中型バイクの後ろに貼ってある「弱冷房車」という、ステッカーを見て笑いました。

また、自転車に乗っているおじさんのTシャツの背中に赤で大きく「禁酒」とありました。

やはり、あるお店の前で、Tシャツで作業している若者の胸に「こんな会社辞めてやる」とあり笑いました。

自分の自転車の後ろにも真似をして「車内禁煙」とか「弱冷房車」など楽しいステッカーを貼ろうかと思っているお馬鹿さんです。

「婚活中」は無理だし、「終活中」はぴったりし過ぎで悲しい……。

85

トランプ大統領大相撲観戦

二〇一九年の大相撲五月場所の千秋楽をトランプ大統領と安倍総理が升席で椅子に腰かけて観戦しました。

八角理事長と確か昭恵夫人も同席していたと思いました。

トランプ大統領は、相撲の微妙な立ち合いの駆け引きや醍醐味は、とても理解できなかったようで、終始、むっつりとてもつまらなそうな顔をしていました。

千秋楽の取り組みが終わった後、神聖な土俵上に靴の上にスリッパを履いて、しかも安倍総理も一緒に靴にスリッパで上がりました。

そして、優勝した朝乃山関に賞状を読み上げた後、賞状を片手で渡しました。片手で賞状を渡すのは、アメリカではありなのでしょうか……。

スリッパは、靴を脱ぐ習慣のない外国人が日本の家に上がる際に靴の上から履くようにできたと聞いてはいますが、それにしても、男性しか上がってはいけないというほど格式を重んじる神聖な土俵上には、草履を用意出来なかったでしょうか？

大相撲の最高責任者である八角理事長と日本の総理大臣も同席のもと、日本の国技である大相撲が、アメリカの大統領によって、升席で椅子に腰かけ、スリッパで土俵にあがり、片手で賞状を渡すなど、汚されたように感じて不愉快になりました。

安倍総理は、日本の代表者として、卑屈にならずに、大相撲の伝統格式をもっと大事にしてもてなして欲しかったと思います。

八角理事長も然り……。

86

禁煙タクシー訴訟

二〇〇四年七月二十二日、タクシー乗務員三人と一般のタクシー利用者二十三人の計二十六人で国がタクシーを禁煙化しないために、受動喫煙と残存たばこ臭による健康被害を受けたと、損害賠償と慰謝料千三百六十万円を求めて東京地裁へ提訴しました。

国に裁判を起こすときは、国の代表者は、総理大臣ではなく、法務大臣になるそうです。当時は、野沢太三法務大臣でした。

公判初日、法廷には、十人以上の国交省か厚労省、法務省の役人と思われる方々が、それぞれ分厚いファイルを持って、ずらっと被告席につきました。

原告席は、原告代表の個人タクシーの方と一般利用者代表の原告女性一名に弁護士の三名が原告席につきましたが、初公判の日、その女性は書面の用意もなく、緊張した法廷で裁判長が「書面の用意がなければ、本人尋問は行っていませんから」と発言を認めないにもかかわらず、原告側弁護士が「簡潔に陳述しますから」と、強引に十分ほど淀みなく理路整然と陳述しました。

その立派な態度に感心しました。

彼女は、多分、法廷など初めての方ですし、予定もしていない突然の陳述でした。私は傍聴席の隅に一般の傍聴人として座っていただけでした。

裁判長は下を向いて渋い顔をしていましたが、幸い発言を制止しませんでした。

被告席の一人の女性が熱心に頷きながら聞いていたのが印象的でした。

少なくとも国側の大勢の被告席の方々に聞いて貰えただけでも良かったと思います。

法廷はその後何回か開かれ、二〇〇五年十二月二十日棄却判決を受けました。

棄却判決の文中に、

- ▪タクシー乗客の車内喫煙による乗務員の受動喫煙被害は看過しがたい。
- ▪タクシー事業者は乗務員に対して安全配慮義務を負っている。
- ▪国は、タクシーの禁煙化を事業者任せにせず適切な対応が求められる。
- ▪結論として、利用者の立場からもタクシーは禁煙が望ましい。

二十頁ほどの判決文にこの四点の内容が付言されました。

判決前から、国を訴える裁判では、原告が勝利するような判決は、定年退職間際の正義感ある裁判官か、出世を諦めた正義感の強い裁判官にでも、運よくあたらない限り難しいと聞いていました。

多くの裁判官は、国が不利になるような判決は出さないそうで、裁判官も上に気を遣った判決しか出さないヒラメ裁判官が多いと聞いていましたが、禁煙タクシー訴訟では、良い裁判官に当たったと感謝しております。

裁判長は、公判中はとても原告寄りの判決は望めない厳しい感じでしたが、判決は、原告側のほぼ満足のいく内容で、控訴しても、これ以上の判決は望めないと判断して、控訴しないで判決は確定しました。

そして、タクシーの地域ごとの全面禁煙化は、判決の翌年二〇〇六年四月、大分市を皮切りに、徐々に進み、二〇〇八年一月に東京都も禁煙化され、二〇一一年一月和歌山県を最後に四十七都道府県で禁煙化されました。

その後、同年二月に長崎県、同年六月に北海道が全面禁煙化されましたが、和歌山県が禁煙化された時点で、長崎県と北海道は九十～九十五％が既に禁煙化されていましたので、私は和歌山県を最後と考えています。

もっとも、二〇一一年に法人タクシーは全国の禁煙化率九十二％。国交省は、その後禁煙タクシーの調査さえ行っていませんので、現在の法人タクシーの禁煙化率は不明です。

個人タクシーは、全国個人タクシー連盟加盟のタクシーが二〇一九年三月末の禁煙化率九十五％でした。

一〇〇％禁煙化されないのは、タクシーの禁煙化が法人、個人ともタクシー協会主導で進められ、協会には強制力がないからです。

本来は厚労省や国交省が率先して、一〇〇%禁煙化させるべきと思いますが、財務省に遠慮してか、或いは、もともとタクシーの禁煙化など眼中にないのかもしれません。

国土交通省は、「タクシーの禁煙化は自由な経済活動の下に、タクシー事業者が判断して決めるべきこと、導入の法的環境は整えられている」と繰り返し主張していました。

多くの方々から「裁判のお陰でタクシーが禁煙化され、タクシーに乗ってもたばこ臭がしなくなった」と喜ばれますが、タクシーの禁煙化は、時代の趨勢だったのかもしれません。

裁判がお役に立ったのかどうかは分かりません。

私は、お客様のためにタクシー禁煙化運動に参加するというような崇高な気持ちではなく、運転手として煙が苦しいことと、運転手のいる車内で喫煙する無神経なお客が腹立たしく、禁煙タクシー運動に参加しました。

結果的にタクシーが全面禁煙化されて運転手はもとより、お客様にも喜んでもらえて良かったと思っています。

なお、ハイヤーは禁煙化されているかどうか分かりません。

先日、ハイタク協会に電話で聞いてみましたが、「四月に法律も施行（健康増進法の改正）されたので全て禁煙です」と答えていましたが、本当でしょうか、何か眉唾物と私は疑っています。

他からも、ハイヤーも禁煙化されたという噂も聞きましたが本当でしょうか。

ハイヤーを利用する機会がないので確認できません。

ネットでは、ほんの一部でしょうが喫煙を売りにしているタクシーやハイヤーもあるので驚きます。

受動喫煙による健康被害の深刻さを知らずに、或いは、生活のために喫煙タクシーや喫煙ハイヤーを運転している運転手さんが一番お気の毒です。

87

めまいと耳鳴り

十年ほど前の十二月二十二日、朝五時頃だったでしょうか、自転車で帰宅途中に何か立ち眩みのような、突然何とも言えない後頭部にジーンとする違和感を覚え、直ぐ自転車から降りるとその場に自転車ごと転んでしまいました。

周りの景色がぐるぐる回っていました。

身体の上に乗った自転車を直ぐどけることもできないほどでした。

何とか体の上に乗った自転車はどかしたようですが、覚えていません。ぐるぐると景色が回るめまいで立つこともできませんが、意識だけははっきりしていました。しばらくしても、景色がぐるぐる回る状態が治らないので、これは異常事態と携帯を手探りでバッグから出して、手探りで何とかダイヤル一一九番に通報しました。署員に場所を聞かれても、景色がぐるぐる回っている状態でピンポイントの場所を伝えられませんでした。

そのうちに、付近にいた方が電話を代わって下さり、現在地を伝えて頂いて、救急車が到着して病院へ搬送されました。

自転車は、その親切な方が預かってくださいました。

病院でCTやMRI検査の結果、耳から来るめまいで、入院の必要はないとのこと、後日、耳鼻科の診察を受けるように言われて、迎えに来た家内と娘に抱えられるようにして、昼過ぎに帰宅しました。

後で不思議に思うのは、その朝に限って、いつもの人通りの少ない土手道を通らずに、広い幹線道路の歩道から帰ったことが、結果的に良かったたです。

幹線道路なので通行人にも助けられ、救急車も来やすかったたですから。いつもの土手道でしたら、数メートルの土手下へ自転車ごと転落してしまう危険もありました。

事故の翌十二月二十三日は、当時、天皇誕生日の祭日でしたので、翌々日の二十四日に、近所の耳鼻科で受けた診断は「良性発作性頭位眩暈症」という病名でした。

めまいと言えば、メニエール病かと思っていましたが……。

診察を受けた日に年配の女医さんから「景色がグルグル回ったでしょう」と言われました。

一〜二日は寝たきりで、這ってトイレに行くような状態でしたが、徐々に壁伝いができるようになり、その後、徐々に回復しました。

四十日間会社を休みましたが、完治には半年以上掛かったように記憶しています。

原因は分からないそうで、のちに女子サッカー日本代表キャプテンの澤穂希選手がストレスから同じ病気に罹ったようでしたが、さすがに若くて鍛えているからでしょう、三カ月ぐらいで全日本の現役に復帰していましたから立派です。

このめまいの病気は、殆ど前触れもなく突然襲ってきます。

幸い、メニエール病のように、その後、繰り返しめまいが起きないので助かりますが……。

私はその後、めまいは、再発しませんでしたが、今度は「耳鳴り」を発症しました。

藤沢周平の『蟬しぐれ』という時代小説を読んでいる時に、蟬しぐれとは、森や林で沢山の蟬が鳴いていることを言うのだなと思ったら、ジージーと蟬の鳴き声が聞こえてきました。

家内に「今、蟬が鳴いているよね」と言うと、「冬に蟬が鳴くわけがないでしょう」と言われ、確かに二月でしたから……。

ああ、これが噂に聞く耳鳴りかと気が付きました。

どうも私のような耳鳴りの発症の仕方を耳鼻科の先生に話しても珍しいようです。

藤沢周平の『蟬しぐれ』を読んでも他の人はならないでしょうに……。

一年以上三カ所の耳鼻科病院に通い、確か、ビタミンC配合錠という飲み薬や、耳鳴りに効くという漢方薬も四種類がひと月ずつ処方されましたが、治らず最後は「治りませんね〜、命に別状のある病気ではありませんから」と笑いながら見放され、今でも一日置きに耳鳴りがしていましまして耳鳴りのしない日も一日置きにある不思議な病気です。

ある時、先生に「今、盛んに耳鳴りしています、聴診器当ててみてください」と言うと、「聴診器では聞こえません」と、笑われました。

ネットなどみると、気圧と関係があるように書かれていますが、私の場合は、気圧やお天気とも一致しません。

耳鳴りが発症した時は、めまいの時に掛かった同じ耳鼻科医院へ通い一カ月くらいしたころ、「どのくらいで治りますか？」と質問したところ「う〜ん、治らないかもしれない」と言われました。「それはないよ、他人のことだと思って無責任なことを言うなよ」と二カ所ぐらい他の病院へ行き、都合一年以上三カ所の病院に通院しましたがやはり治らず、結局、「治らないかもしれない」と言われた最初の先生の診断は正しかったです。

健康の本などには、いろいろ直ぐ治るような治療法が沢山載っているので、いくつも試しましたがどれも効果ありません。

○○聴覚研究所の「耳鳴りがぴたっと治るCD」を何回聞いても治りません。
加圧式酸素カプセルもかなり期待して、何度か試しましたが一時的にも治りませんので、今は、諦めて治療は何もしていません。

気にならないと言ったら嘘になるものの、さほど気にならないので助かりますが、いつかは治って欲しいと思っています。

88

三叉神経痛でタクシー退職

それから暫くしたある年の五月五日、今度は、タクシーを運転中に突然、目尻と耳の間に針をぶすっと刺されたような経験したことのない激痛が走って驚きました。

幸い、空車中で助かりました。その日、激痛に何回も襲われ、これはただ事ではないと午後早退しました。

そう言えば、一年ほど前にも同じ激痛が一回だけありましたが忘れていました。

翌日、主治医の先生に総合病院を紹介して頂きました。

総合病院でいろいろ検査した結果、後日、「多分、三叉神経痛」と診断されました。

もっとも、病院で診断される前に、元看護師の家内は、昔勉強した本を引っ張り出して「三叉神経痛かもよ」と言っていましたから、たいしたものだと思いました。

総合病院の「多分」も気になるところですが、そして、処方された薬はテグレトールという「てんかん」の薬と聞いて、さらに驚きました。

激痛は、発症から二、三日で治まりました。七月頃、ガードレールや壁などに三回ほど軽い接触が続いたので、ついに年かなと自信喪失して、七月二十日、二十年余り勤めたタクシー会社を退職しました。

三叉神経痛が発症してから、約二カ月半後でした。

家内もそのころの私の行動に異常を感じているようで心配するし、自分でも加齢による身体能力の衰えかと思って、禁煙団体の信頼できる心療内科の先生に電話で「最近、三叉神経痛と診断されて、テグレトールを日に二錠服用しているが、食欲がなくなりヨチヨチ歩きになった気がする、画数の多い漢字は手が震えて書きにくくなった」等々相談したところ、「テグレトールを日に二錠も飲んでいたら真っ直ぐ歩けないでしょう。ドライバーに処方してはいけない薬ですよ。あなたの症状は薬の副作用のようで、その病気は自然快癒も期待できますから、まずは薬の服用を止めて、様子を見て改善しないようでしたら受診に来てください」とアドバイスされて薬を止めました。

薬を止めると徐々に正常に戻ってきて、幸い、再発もしませんので助かっています。年のせいと思っていた車の接触は、どうやら薬の副作用だったようです。

でも禍を転じて福と為すでしょうか、運転手を後四〜五年、八十歳ぐらいまで続けて、会社での最年長ドライバーを目指していたのですが、薬の副作用のお陰でタクシー運転手を辞めるきっかけになったのは、結果的に良かったと今では思っています。

89 アルバイト

タクシー会社を退職してから、以前に長年勤めていた会社に運よく拾われ、タクシーを七月に退職した年の十月から、日に四時間のアルバイト勤務を気楽にやっていました。

アルバイトになってから、五年が過ぎました。

タクシー運転手は、人間関係の煩わしさがなくて気楽でいいですが、とはいってもお客さんは良い人だけではありませんし、運転するルートも決まっておらず、知らないお客さんを乗せて走る仕事はそれなりの苦労もありました。

今になって、タクシードライバーなど、よくやっていたな〜と思わないでもありません。

アルバイト先には、昔の顔なじみの方もいて、重い責任もなくタクシー運転手よりずっと気楽に毎日やっていました。

アルバイト先では、週に三回、一回に十キロぐらいの決まったコースを軽自動車の運転もしていました。

それでも、介護施設で施設長をしている娘がいまだに運転していることを心配するというか、その年で運転を伴うアルバイトは辞めるべきと強く言うので、アルバイト先に「急発進防止装置」を装着してもらい、娘にも不承不承アルバイトの継続を承知してもらっていました。

この装置のお陰で急発進による暴走事故だけは起こさないと思いましたが、事故はそれだけではありませんから、常に慎重な運転を心がけていました。

この年で、曲がりなりにも働けることに感謝する毎日でした。

それにしましても、少し前に、池袋で八十七歳の老人が運転する車が暴走してお母さんと女のお子さんが亡くなる悲惨な大事故がありました。

運転手はアクセルが戻らなくなったとか、エンジンが異常に高回転したとか言っているようですが、ブレーキと思ってアクセルを踏み、止まらないのでさらに止めようとして、アクセルをブレーキと思って強く踏み続けたようです。

ブレーキの踏み間違い事故は大方そのようだと聞きました。

後で調べたところ、ブレーキや車両に故障はなかったそうです。

最初にガードレールに接触し、次に七十代の男性自転車を撥ねた後、亡くなった母親と女の子を撥ねて、左折してきたゴミ収集車にも衝突してから、停車中のトラックに衝突して止まったようですが、最後には時速九十キロくらい出ていたそうです。都合、五回接触と衝突を繰り返したようです。

最初のガードパイプに接触してパニック状態になったのでしょうか。

アクセルを強く踏んでスピードが出てしまっても、踏み間違いに気が付かずに、さらにアクセルをブレーキと思って強く踏んで止めようとしたのでしょうか。考えられないですが、世間によくある高齢者の踏み間違い事故です。

アクセルをブレーキと思って踏んだとしても、車が止まるどころかスピードが出てしまった時点で踏み間違いに気付かなかったのでしょうか。

高齢になるとそうなのでしょうか。若い人はやらないのでしょうか。普段の運転でも、ブレーキはアクセルより強く踏みますから、ブレーキと思ってアクセルを踏めば、かなりスピードが出てしまうと思います。

暴走し始めて接触するとパニックになって、アクセルから足を離してブレーキペダルに足を踏み変えられなくなってしまうのでしょうか。自分も高齢ですから、同じ過ちを犯す可能性があったのでしょうか。事故を起こした方は、踏み間違いは初めてだったのでしょうか、事故にならなくても過去に踏み間違いをやったことがあったのでしょうか。

この点を一番知りたいところです。

裁判でも、エンジンの回転が急に高くなったと踏み間違いでないと言い張っていますが、本当に踏み間違いでないと思っているのでしょうか。

踏み間違いを認めない方が罰が軽くなると思っているのではないのでしょうか……。

残されたご遺族のご主人でありお父さんは辛いことでしょう。

気丈に記者会見を開いて、亡くなった奥さんと娘さんの名前や写真も公表して、厳罰を求める署名運動も展開されています。

世間の風潮は、高齢者の運転に非難が集まって署名数も半端ではないようです。

知人が、この報道をみて「事故を起こした人には、謝罪や反省の様子がみられない。既に、認知症の症状がでている感じがする」と言っていましたが、確かに私もそう思います。

被害者遺族の悲しみは痛いほど分かりますし、お気の毒と同情します。

加害者が素直に踏み間違いを認めて謝罪すれば、遺族も少しは慰められるのにと思います。

多くの交通事故の遺族は、肉親を失った悲しみに加え、事故後、加害者の心無い態度に二重に苦しむと聞いています。

同じハンドルを握る高齢者として、いくら、急発進防止装置を付けたからといって、また、元タクシー運転手だったと言っても、今の運転がタクシーに比べたら、ほんの僅かな決まったコースの運転とはいえ、いつまで運転を伴うアルバイトを続けて良いか、考えさせられた他人事とは思えない恐ろしい事故でした。

先日、禁錮五年の判決が東京地裁で下され、九十歳になった被告は、「せめてもの、償いの一歩として刑を受け入れる」意向を示して控訴しないようです。

最近、小池都知事が急発進防止装置の装着に九十%の補助金を出すと言っていましたが、高齢者には皆、この装着を義務付けた方が良いと思います。

費用は、全額自己負担しても三万五千円くらいですから大した金額ではありません。

発進の際に、アクセルを極々軽く踏まないと発進できません。

慣れるまではとても運転し難かったですが、少し我慢して運転していたら慣れました。

これを装着すれば、少なくとも、池袋のような、ブレーキとアクセルの踏み間違いによる急発進の悲惨な暴走事故は絶対に起こさないと思います。

私は、去年の九月には免許の更新期限でしたが、更新しないことに一大決心して、これを書いている今は無免許になりました。

軽免を取得してから普通免、二種免と変遷して六十年になりました。アルバイト勤務していた工場も、二月に本社のある名古屋へ移転して五十四年の零細町工場の歴史に幕を閉じました。

90

コロナ騒動

今、世間では、コロナウイルス騒動です。

アルバイトの通勤に四十分ぐらいのバスとその前後を二十〜三十分の徒歩で約一時間二十分ぐらいかけて通勤していましたが、去年の三月頃から暫く乗っていなかった電動自転車を引っ張り出して、片道四十分ぐらいかけて自転車通勤を再開していました。

これでも二十五年くらい前には、河口湖のフルマラソンも二度ほどやったことがあるのですが、最近はジョギングもよちよちの三十分ぐらいです。

フルマラソンをやっていた頃は、月に三五〇キロぐらい走っていたこともありました。

そして、多摩川河川敷の月例マラソンに毎月出ていました。今は分かりませんが、当時の月例マラソンは、三キロ、五キロ、十キロと三種目ありました。

その時、気が付いたのですが、トップクラスの凄い方々が実際の年齢は分かりませんが、何か実際の年齢より老けているような気がしました。

若さがないというか、生気を感じないというか、マラソンに取りつかれて若さが失われているような気がしました。

今では、それを言い訳に無理して走らないようにしています。

昔読んだ『ランナーズ』という月刊誌には、月に一二〇〇キロ以上走った一般の人もいました。

毎日、フルマラソンくらいの距離を走るなんて信じられないです。

月例マラソンでも、トップクラスの方々は三種目とも、ハーハーと目いっぱい走っていますが、果たして健康に良いことなのか、負け惜しみでなく疑問に思います。

私は、三キロ、五キロをジョギングのようにゆっくり走り、最後の十キロを自分なりに一生懸命に走っていましたが……。

もっとも、私の十キロの記録は、四十八分十五秒ぐらいでしたが、当時の女子競歩の日本記録が四十七分四十五秒ぐらいと聞いて、自分の十キロマラソンは女子の十キロ競歩より遅いのかとがっかりしたことを覚えています。

もう月例マラソンも行かなくなって、数年経ちます。

今のアルバイトもコロナ騒動で週休二日が週休三日になり、一昨年の六月頃からは、週休五日とか、最後は週休六日にもなっていました。

休日が多くなっても雇用調整助成金のお陰で手取り収入が殆ど減らないので助かりましたが……。

国は、個人や経営者にも数々の助成金を出していますが、財源がよくあると思います。兎に角、早くコロナ禍は収まって欲しいです。

最近、自転車で信号待ちをしていたら、中年の女性が寄ってきて「五〇〇円持っていませんか？」と言われ、咄嗟に「ない、ない」と言ってしまいました。

後で、コロナ騒動で職を失った人ではないかと知人とも話しました。

その話を娘婿に話したら、「困っている見知らぬ人に、たまにお金を上げることがあるよ」と話していましたので、そのおおらかさに驚きました。

同じようなことが今度あったら五〇〇円くらいなら、私もあげようかと思っているところです。

91 最後に

タクシー運転手の思い出として、お客さんとのいろいろの出会いや、お客さんから聞いた面白い話などを思い出して書いてみようと書き出しましたが、書いてみると殆どたばこに関することになってしまいました。

その理由であり原因は、タクシー車内でお客さんの喫煙自由の時代が長いこともあって、とても苦しかったこと、つくづく理不尽な制度であり、思いやりのない車内喫煙客への憤りがありました。

そして、思い直せば自分も家庭内や職場で長いこと加害者の立場でした。外を歩きながら吸うこともありましたから、歩行者の方々へも少なからずご迷惑をお掛けした筈です。

たまたま自分が禁煙して、立場が逆になると、考えも逆転してしまい、昔のことを忘れて、我ながら勝手なものだと思います。

たばこを作って売っているＪＴの筆頭株主である日本政府の一機関である厚生労働省が、喫煙によって、年間十二万人が亡くなっていると発表していることも空々しく、矛盾を感じます……。

たばこの一番の犠牲者は喫煙者で、たばこの最大の害は依存性です。

アフガニスタンで立派な功績を残して凶弾に倒れた中村哲さん（七十三）も亡くなる四年ほど前まで喫煙者だったそうです。ノーベル化学賞を受賞された吉野彰さんも喫煙者のようです。

都内の受動喫煙対策に力を入れている小池都知事も元喫煙者と聞きます。

このような方々もたばこの依存性に捉えられてしまうようです。

以前、アメリカでは無害のたばこの研究を始めたところ、それは、たばこに害があることを認めることになると気づき、その研究をピタッと止めてしまったと聞いたこともありました。

無害のたばこが開発され、それを吸って本当のたばこが手放せるのでしたらノーベル賞もののでしょうね。

昔、研究のために、チンパンジーに喫煙を覚えさせた後、煙だけ出るたばこを吸わせたところ、チンパンジーは、ちょっと吸ってぷいと止めてしまったテレビを観たことがありましたが、そのチンパンジーもニコチン依存症になっていたことがよく分かります。

ゆくゆくは、たばこがこの世からなくなって、たばこのない国ブータンのように日本も世界中もなって欲しいと思います。

でも、殆どの喫煙者が、自分もそうでしたが、ストレス解消とか、気分転換の効用と思い違いをしているようです。

偉そうに人に言えたことではないと承知していますが、一人でも多くの方が、禁煙して、たばこの束縛から解放されることを祈っています。

禁煙による強い禁断症状は、二日か三日でその後は、日ごとに禁断症状が薄らいできます。

是非、喫煙者の方は何度でも禁煙に挑戦してみてください。健康保険による禁煙外来もあります。

失敗しても翌年また、保険適用で受診できるそうです。

禁煙を達成した世界はすばらしいですよ。

タクシーには、多種多様な職業と様々な考えのお客さんが乗ってきます。お客様からいろいろな話が聞けて楽しかったですし、自分の思いも沢山のお客様に聞いてもらえたこともタクシー運転手稼業の楽しいところでした。

つたない文章をお読み頂きましてありがとうございました。

平田　信夫（ひらた　のぶお）

1942（昭和17）年８月13日（現在81歳）、静岡県三島市に３人兄弟の末っ子で生まれる。1960（昭和35）年静岡県立沼津商業高校を卒業、義兄が経営する七宝焼の零細企業（川崎市）に就職。義兄が亡くなった後、1996（平成８）年会社を退職（54歳）。都内タクシー乗務員になる。禁煙タクシー運動に加わる。2017（平成29）年５月タクシー乗務員退職。同年10月川崎市の七宝焼きの元の会社へアルバイト。2022（令和４）年３月七宝焼きの会社退職。現在無職、週休７日。

タクシードライバーの想い出

2023年12月13日　初版第１刷発行

著　　者　平田信夫
発 行 者　中田典昭
発 行 所　東京図書出版
発行発売　株式会社 リフレ出版
〒112-0001　東京都文京区白山 5-4-1-2F
電話（03）6772-7906　FAX 0120-41-8080
印　　刷　株式会社 ブレイン

ISBN978-4-86641-700-4 C0095
Printed in Japan 2023